Medard Kehl

Hinführung zum christlichen Glauben

Topos Taschenbücher

Gekürzte und neu bearbeitete
Taschenbuchausgabe

Zur Erinnerung an Hilmar Kehl und zur Ermutigung für Monika Kehl
mit Manuela, Bernadette, Raphael und Marcel

Die Deutsche Bibliothek – CIP-Einheitsaufnahme

Kehl, Medard:
Hinführung zum christlichen Glauben / Medard Kehl. –
Gekürzte und neu bearb. Taschenbuchausg., 1. Aufl. – Mainz :
Matthias-Grünewald-Verl., 1995
    (Topos-Taschenbücher ; Bd. 253)
    ISBN 3-7867-1873-3
NE: GT

© 1995 Matthias-Grünewald-Verlag, Mainz
Alle deutschsprachigen Rechte vorbehalten.
1. Auflage 1995
Reihengestaltung: Harald Schneider-Reckels
und Iris Momtahen
Abbildung: Arnulf Rainer, aus: F. Mennekes (Hg.), Arnulf Rainer.
Umkreisen und durchdringen. Christusgesichter, S. 31.
Druck und Bindung: Clausen & Bosse GmbH, Leck

Inhalt

1. Kapitel
Der Weg des Glaubens

1. Glauben – ein unbegründetes Für-wahr-Halten?

In unserem alltäglichen Sprachgebrauch bedeutet »glauben« oft nicht viel mehr als »meinen« oder »vermuten«.[1]
Wenn jemand sagt: »Ich glaube, daß viele junge Menschen
heute eine andere Einstellung zur politischen Mitverant-
wortung haben als frühere Generationen«, dann drückt er
damit aus, daß er diese Meinung zwar nicht hieb- und
stichfest beweisen kann, weil er darüber kein statistisch
gesichertes Wissen hat; wohl aber stützt er sich auf bestimmte Hinweise, die ihn zu dieser Annahme bewegen.
Dieser Sprachgebrauch von »glauben« hat sich bei vielen
unserer Zeitgenossen auch im religiösen Bereich durchgesetzt. Die Sätze: »Ich glaube, daß Gott existiert«, oder:
»Ich glaube, daß Jesus Christus von den Toten auferstanden ist«, bedeuten für viele (auch unter den Gläubigen
selbst) zunächst einmal nur, daß hier eine Überzeugung
ausgesprochen wird, die zwar nicht auf eindeutig und
allgemein feststellbaren Tatsachen, auch nicht auf logisch
streng beweisbaren Gründen beruht, die aber doch ihre
»Anhaltspunkte« hat, auf die sie sich stützt: z.B. die
glaubwürdige Bezeugung dieser Aussagen in der
Hl.Schrift und durch die Kirche; persönlich akzeptierte
Autoritäten (Elternhaus, Religionsunterricht, Freunde),
denen man diese Dinge »abnimmt«; schließlich auch bestimmte gefühlsmäßig und (nicht streng beweisbare) ver-

---

1 Vgl. zu diesem Kapitel bes. W. Kasper, Einführung in den Glauben. Mainz [4]1975, S. 13–27 und 71–84; J. Ratzinger, Einführung
in das Christentum. München [8]1968, S. 17–53; B. Welte, Religionsphilosophie. Freiburg 1978, S. 168–182; O.H. Pesch, Rechenschaft über den Glauben. Mainz 1970.

standesmäßige Gründe, die diese Auffassung irgendwie plausibel machen. Ein solcher »Glaube« versteht sich deswegen oft nicht viel anders als ein recht subjektives »Für-wahr-Halten« irgendwelcher unbeweisbarer (»geheimnisvoller«) Aussagen über Gott.

Dieses weitverbreitete Alltagsverständnis hat den christlichen Glauben bei vielen Menschen unserer Zeit in Mißkredit gebracht; sie stoßen sich an der »Unbeweisbarkeit« und halten deswegen den Glauben für eine Sache, die mit vernünftigem Erkennen und Handeln nichts zu tun hat oder höchstens auf dem sehr niedrigen Niveau einer unbegründbaren Hypothese steht: »Vielleicht ist es wahr, vielleicht auch nicht; niemand kann es genau wissen...« Dem heute weithin gültigen Maßstab einer wahren und begründeten Erkenntnis kann ein so vages »Für-wahr-Halten« jedenfalls nicht im mindesten gerecht werden.

a. Der kritische Maßstab für »Wahrheit«

Was hat es mit diesem Maßstab auf sich, an dem der Glaube hier gemessen wird? Im alltäglichen Sprachgebrauch gilt eine Aussage dann als *wahr*, wenn sie dem Sachverhalt entspricht, auf den sie sich bezieht. Dann hat sie eben in der Sache selbst ihren Grund und ist somit hinreichend begründet. Nun aber ist es ja gar nicht so leicht, diese Entsprechung von Aussage und Sache festzustellen; denn jeder Sachverhalt, den wir erkennen und über den wir sprechen, ist ja immer schon »gefiltert« durch unsere subjektive Erkenntnis und Sprache. In einem reinen, objektiven »An-sich« ist uns gar nichts zugänglich. Deswegen kann es ja auch über denselben Sachverhalt die verschiedensten Erkenntnisse und Aussagen geben (vgl. z.B. die Vielfalt der Zeugenaussagen nach einem Verkehrsunfall!). Welche davon ist »wahr«? Um diese grundsätzliche Unsicherheit möglichst gering zu halten und so zu »wahren«, dem jeweiligen Sachverhalt entsprechenden Aussagen zu gelangen, hat sich in der Neuzeit ein Maßstab herausgebildet, der dem Erkenntnisideal der europäischen Aufklärung des 17. / 18. Jahrhunderts entstammt und sich in unseren Breiten weitgehend durchgesetzt hat. Danach kann eine Erkenntnis bzw. Aussage nur dann als »wahr« gelten, wenn sie sich auf Tatsachen stützt, die sich in der »empirischen«, d. h. letztlich auf den fünf Sinnen beruhenden und allen Menschen grundsätzlich zugänglichen Erfahrung *überprüfen* lassen. Dieses Überprüfen erfordert (nach Meinung vieler maßgeblicher Erkenntnis- und Sprachtheorien heute) als Minimum folgende drei Bedingungen:[2]

(1) Man muß bestimmte Fakten angeben können, durch die eine Behauptung möglicherweise als falsch erwiesen und damit widerlegt werden kann (Forderung der *»Widerlegbarkeit«*). Ein einfaches Beispiel: Wenn ich behaupte, Bayern München sei im Augenblick die beste deutsche Fußballmannschaft, dann muß ich zugleich Ereignisse nennen können, durch die diese Behauptung sich eventuell als falsch herausstellen kann: z. B. der Rang in der Bundesliga, Erfolge im Europapokal usw. Diese Forderung des sogenannten »kritischen Rationalismus« (eines K. Popper und H. Albert) gibt damit die ältere Forderung nach hieb- und stichfester »Beweisbarkeit« (Verifizierung) des früheren Positivismus auf. Man hat nämlich erkannt, daß die logischen Grundprinzipien unserer Sprache (z. B. das Nicht-Widerspruchsprinzip) und die meisten Grundannahmen der Wissenschaften (ihre sog. »Basissätze«) zwar durch allgemeine Übereinkunft vorausgesetzt werden, um

2 Vgl. H. Albert, Traktat über kritische Vernunft, Tübingen 1969; J. Habermas, Wahrheitstheorien. In: Wirklichkeit und Reflexion (F. S. Schulz). Pfullingen 1973, S. 211–265; W. Joest, Fundamentaltheologie. Stuttgart ²1980, S. 101–134; R. Schaeffler, Glaubensreflexion und Wissenschaftslehre (Quaest. disp. 82). Freiburg 1980.

auf diesem Fundament überhaupt sinnvoll reden und argumentieren zu können, daß sie aber keineswegs *positiv* hundertprozentig und endgültig für alle nur möglichen Fälle »verifiziert«, als unbedingt »wahr« bewiesen werden können; dasselbe gilt genauso von vielen wissenschaftlichen Hypothesen (z. B. von den sog. »Naturgesetzen«) und von zahlreichen Aussagen innerhalb unserer alltäglichen Erfahrungswelt (etwa auch von unserem Beispiel). Dennoch ist es möglich, daß sie durch eine oder mehrere entgegenstehende Tatsachen *negativ* als falsch entlarvt werden können. Jede Aussage, die den Anspruch auf Wahrheit erhebt, muß deswegen zumindest offen sein für solche widerlegenden Erkenntnisse; und nur solange sie nicht »falsifiziert« ist, kann sie als vorläufig wahr gelten.

(2) Eine zweite Bedingung: Wer etwas als »wahr« ausgibt, muß zugleich Methoden nennen können, um diese möglicherweise widerlegenden Tatsachen auch experimentell herbeiführen zu können (Forderung des *»Experiments«*). In unserem simplen Beispiel: Die »Experimente«, die unsere Behauptung über Bayern München möglicherweise als falsch erweisen könnten, sind eben regelmäßige Meisterschafts- und Pokalspiele mit solchen Mannschaften, die ihm den beanspruchten Rang streitig machen. Grundsätzlich darf man nach diesem Erkenntnisideal niemals Schluß machen mit solchen Experimenten: Jede Behauptung, gerade wenn sie aus der Widerlegung einer anderen hervorgegangen ist, muß sich ständig diesem Prozeß des »Versuchens und Irrens« (»trial and error«) stellen. Andernfalls verfällt man einem unbegründeten »Dogmatismus«, der einfach willkürlich etwas als »endgültig wahr« behauptet und nicht zugeben will, daß alle menschlichen Aussagen nur vorläufige Hypothesen sind, die irgendwann einmal umgeworfen werden können.

(3) Die dritte Bedingung: Man muß sich bei jeder ernsthaften Behauptung grundsätzlich in einer vernünftigen, autoritätsfreien Argumentation so über seine Aussagen,

Voraussetzungen und Grundüberzeugungen verständigen können, daß sie prinzipiell jedem erkenntnisfähigen und gesprächsbereiten Partner einsichtig gemacht werden können und er ihnen in voller Freiheit zustimmen kann (Forderung der »allgemein einsichtigen, autoritätsfreien *Kommunikation*«).

Was unser Beispiel betrifft: Ich kann meine Behauptung über Bayern München weder mit Gewalt noch mit sturem Beharren, noch mit Verweis auf die Meinung anderer oder gar auf irgendein »Geheimwissen« sinnvoll begründen, sondern nur mit verständlichen, allgemein zugänglichen und nachvollziehbaren Gründen. Dadurch wird eine Aussage »konsensfähig«, was ihren Anspruch auf Wahrheit bestätigt.

Erst wenn eine Erkenntnis diese drei Bedingungen erfüllt, gilt sie heute bei vielen als wahr, als hinreichend begründet. Diese Einstellung bleibt keineswegs auf den wissenschaftlichen Bereich beschränkt; sie bestimmt immer stärker auch unser alltagssprachliches Erkennen und Sprechen. Natürlich geben sich die meisten kaum einmal ausdrücklich und bewußt über dieses theoretische Erkenntnisideal Rechenschaft; es ist einfach als weithin selbstverständliche und unbewußt akzeptierte Norm überall präsent. Das war keineswegs zu allen Zeiten so, und es trifft auch heute nicht auf alle Kulturkreise zu. Zum Beispiel galt bis zum Ausgang des Mittelalters (und auch heute in Lebensräumen, die nicht so stark von der westlichen Mentalität geprägt sind) eine Aussage auch dann als »wahr«, wenn sie sich auf die Autorität eines »Weisen« oder einer ehrwürdigen Tradition oder einer unbezweifelbaren Institution berufen konnte; oder wenn dahinter die Lebenserfahrung eines ganzen Volkes steht; oder wenn sie sich auf die »Evidenz«, d.h. die innere, unhinterfragbare Einsichtigkeit der Sache selbst stützt (so war z. B. die Existenz eines »göttlichen Weltgrundes« für den antiken, ja auch noch für den mittelalterlichen Menschen eine selbstverständliche Wahrheit, weil alle Dinge dieser Welt ihn unmittelbar bezeugten, d.h. auf ihn »durchsichtig« waren und ihn dadurch »einsichtig« machten).

Dem heutigen, vor allem von den naturwissenschaftlichen Methoden her bestimmten Wahrheitsideal sind solche Kriterien jedoch zu unbestimmt und zu beliebig; auf ihnen allein kann sich nach unseren »aufgeklärten« Maßstäben keine allgemein gültige, dem gemeinsamen Zusammenleben förderliche Erkenntnis mehr gründen. Der christliche Glaube ist durch diese Entwicklung bei uns in große Bedrängnis geraten; wird er doch immer häufiger einfach in den Bereich der subjektiv-beliebigen und willkürlichen Behauptungen abgeschoben. Denn schließlich erfüllt er keine der drei genannten Bedingungen:

(1) Es läßt sich kein Faktum angeben, durch das die Überzeugung von der Existenz eines liebenden, die Welt tragenden und sie zum Heil führenden Gottes widerlegt werden könnte. Nicht einmal die »Fakten« des Bösen, des ungerechtfertigten Leids oder des sinnlosen Todes sind solche Zeichen der »Falsifikation« des Glaubens; denn auch sie haben mit diesem Gott zu tun, sind von seiner befreienden Liebe umgriffen und wecken die Hoffnung des Glaubenden auf endgültige Heilung unserer unheilen Wirklichkeit (vgl. Kap. 2,1c).

(2) Es lassen sich auch keine »Experimente« finden, in denen man die Existenz oder Nicht-Existenz, das Handeln oder Nicht-Handeln dieses liebenden Gottes eindeutig erweisen könnte. Das ist weder die Absicht der sog. »Gottesbeweise«, noch gelingt es den ausgefeiltesten Methoden meditativer und mystischer Versenkung, die manchmal so mißverstanden werden, als ob sie Gottes Dasein und Wirken »in uns« experimentell nachweisen wollten.

(3) Schließlich läßt sich auch keine Diskussion führen, in welcher der Glaube an diesen Gott völlig unabhängig von der eigenen Glaubenserfahrung und Glaubenspraxis, losgelöst auch von der Überlieferung des Glaubens (also von

14

dem Wort der Hl. Schrift und der Kirche überhaupt) jedem Gesprächspartner auf der Ebene der verstandesmäßig nachvollziehbaren Argumentation einsichtig dargelegt werden kann. Ein solches Gespräch kann und soll natürlich Fragen beantworten, auf Zweifel und Einwände eingehen, Mißverständnisse beseitigen usw.; aber es kann den Glauben schlechterdings nicht als »wahr« beweisen. Das liegt einfach an der Natur des »Gegenstandes« unseres Glaubens: »Gott« läßt sich weder als ein allgemein sichtbarer, den fünf Sinnen des Menschen zugänglicher Sachverhalt »vorzeigen« noch argumentativ in einen ihn umfassenden Zusammenhang einordnen, in dem wir ihn dann auf noch tiefer liegende Gründe zurückführen und so »begründen« könnten (vgl. Kap. 3,1).

Wie wir dennoch sinnvoll und verständlich von ihm reden können, werden wir im folgenden Schritt für Schritt darlegen. Denn der christliche Glaube, der die Botschaft von der heilenden und befreienden Liebe dieses Gottes ja *allen* Menschen glaubhaft bezeugen will, kann sich nicht aus dem Bereich wahrer, begründeter Erkenntnis abschieben lassen und mit dem Etikett einer subjektiv-beliebigen Meinung oder Hypothese zufriedengeben. Wir werden deswegen zunächst einmal das solcher Wertschätzung zugrundeliegende *Erkenntnisideal* befragen (Abschnitt 1b), ehe wir dann (Abschnitt 2) den damit verglichenen *Glaubensbegriff* (Glauben als unbegründetes »Für-wahr-Halten«) kritisieren.

b. Die Wahrheit des »Verstehens«

Das bisher vorgestellte, eher »vulgäre« Glaubensverständnis enthält sicher ein Körnchen Wahrheit, denn zum Glauben gehören zweifellos *»Aussagen«*, die eine Erkenntnis von Gott und seinem Handeln an uns zur Sprache bringen wollen: z.B. »Gott ist die Liebe«, oder »Jesus Christus ist der menschgewordene Sohn Gottes, oder »Jesus Christus ist für uns gestorben und auferstanden« usw. Diese und andere »Glaubens-Sätze« werden von den Glaubenden für »wahr« und begründet gehalten. Allerdings nicht im Sinn des oben erwähnten Maßstabs! Aber ist dieser Maßstab denn der *einzig* gültige? Muß sich jedes Erkennen nach diesem aus den Naturwissenschaften stammenden Erkenntnisideal richten? Für bestimmte Bereiche sind die drei Postulate zweifellos legitim und nützlich; aber sind sie es für *alle*? Gelten sie auch z. B. für Aussagen im Bereich des sittlichen Handelns (wo es also um Freiheit, Menschenwürde, Verantwortung, Entscheidung, Schuld usw. geht), oder (spezieller noch) im Bereich des zwischenmenschlich-sozialen Handelns (das mit Gerechtigkeit und Friede, mit Liebe und Vertrauen zu tun hat), oder im Bereich des ästhetischen Handelns (das um die Erfahrung des Schönen im Menschen, in der Natur, in der Kunst, im Spiel, im Tanz, in jeder Form von Kreativität u. ä. kreist), oder schließlich im Bereich des ausdrücklich religiösen Handelns (das sich auf Gott und sein Handeln an uns bezieht)? All diese Bereiche haben eine eigene Weise, etwas »Wahres« zu erkennen und auszusprechen; und diese Weise läßt sich bei keinem von ihnen über den Kamm eines einheitlich genormten Wahrheitsmaßstabes scheren! Denn hier geht es eben nicht einfach nur um Gegenstände oder Tatsachen, die man »objektiv« beobachten und feststellen könnte; auch nicht nur um Sachverhalte, über die man mit Hilfe von Experimenten bestimmte Hypothesen aufstellen oder widerlegen könnte. Nein, all diese Formen von Erkenntnis richten sich auf Bereiche unserer Wirklichkeit, in denen die typisch menschliche Lebenswelt selbst zur Sprache kommt und die deswegen bewußt den *ganzen* Menschen mit in die jeweilige Erkenntnis einbeziehen; die also seine persönliche Stellungnahme herausfordern, die sein sittliches Wertbewußtsein und Handeln, seine grundsätzliche Lebensauffassung und Lebenspraxis, sein Suchen und Fragen nach Sinn, seine Erfahrungen und Hoffnungen und Verzweiflungen in Betracht ziehen.

Die Methode dieser Art von Wirklichkeitserkenntnis ist das *»Verstehen«*.[3] Es zeichnet sich vor allem dadurch aus, daß es einen wechselseitigen Prozeß zwischen dem erkennenden Subjekt und seinem Gegenstand bewirkt. Das heißt: Wenn ich etwas verstehen will, dann dringe ich nicht nur erkennend in ein passiv-sachlich vor mir liegendes Objekt ein, sondern es geschieht auch etwas mit mir selbst. Ich *lasse* mich nämlich in den »Wirkbereich« der zu erkennenden Wirklichkeit hineinziehen, lasse mich von ihrem Wert persönlich betreffen, lasse meine Vor-urteile in Frage stellen, lasse mich öffnen für neue, zukünftige Erfahrungen mit ihr, lasse mich als Mensch von ihr verändern. Indem ich mich so auf sie ein-lasse, kann die mir begegnende Wirklichkeit selbst aktiv zum Sprechen kommen. Dabei bietet sie dem Erkennenden ganz andere, tiefere Dimensionen und Sinngehalte dar als in einem bloß objektiv-neutralen Beobachten.[4]

Ein solches Verstehen verfälscht also keineswegs auf subjektiv-willkürliche Weise die Wirklichkeit, sondern ver-

3 Dazu H. G. Gadamer, Wahrheit und Methode. Tübingen 1972, S. 162–360.
4 Eine vollkommen »objektive« Erkenntnis gibt es sowieso nicht, selbst nicht in den Naturwissenschaften. Das zeigt sich z. B. deutlich in der Abhängigkeit mikrophysikalischer Forschungsergebnisse von dem jeweiligen methodischen Standort des Forschers. Auch ein grundlegender »Paradigmenwechsel« in den Naturwissenschaften (d. h. ein Wechsel in den allgemein vorausgesetzten, meist ungefragt geltenden Schemata für die Lösung aller Einzeluntersuchungen wie z. B. das vorkopernikanische Paradigma von der Bewegung der Sonne um die Erde oder das gegenwärtige Paradigma vom »Urknall«) hängt entscheidend von der subjektiven Kreativität der Forscher ab. Dennoch ist hier das Maß des ganzmenschlichen, personalen Einsatzes noch einmal sehr verschieden von der Methode des »Verstehens«, bei der der Mensch als wertendes Subjekt ganz in den Erkenntnisvorgang miteingeht.

sucht im Gegenteil, ihr in ihrem besonderen Eigensein gerecht zu werden.[5] Dies gelingt dort am ehesten, wo es aus der Grundeinstellung der *»Gelassenheit«* heraus erwächst; eine Gelassenheit, die der Erkennende sowohl sich selbst wie auch der anderen Wirklichkeit gegenüber an den Tag legt. Das bedeutet: der Gelassene kann beim Erkennen sich selbst mehr und mehr los-lassen; er kann mehr und mehr von seinen eigenen vorgefaßten (und oft so verfälschenden) Meinungen, Begriffsschemata, Interessen und Zwecken absehen und somit frei werden von einer ich-konzentrierten Sicht der Dinge. Dadurch richtet sich sein Blick stärker von sich selbst weg auf die Wirklichkeit, so wie sie ihm von ihr selbst her begegnet; er kann sie erst einmal so kommen lassen, wie sie sich selbst gibt, und läßt

5 Wir gebrauchen im folgenden häufig den Begriff »Wirklichkeit«; was darunter zu verstehen it, umschreibt W. Pannenberg so: »Der Ausdruck ›Wirklichkeit‹ ist schwer definierbar. Das hängt damit zusammen, daß er so umfassenden Sinn hat. Wir pflegen als Wirklichkeit alles, was uns irgendwie angeht, in seiner Gesamtheit zu bezeichnen. Daher kann das Wort Wirklichkeit nahezu gleichbedeutend mit dem All des Seienden werden. Und doch besagt es mehr als das gleichgültige Vorhandensein der Dinge. Wenn wir davon reden, daß etwas für uns eine Wirklichkeit ist, dann meinen wir doch, daß es sich um etwas Wesentliches handelt, um etwas, worauf es ankommt, das unser Leben als Ganzes betrifft. So hat Hegel einmal gesagt, Wirklichkeit sei die Einheit des Wesens mit der Existenz; es ist das Wesentliche, sofern es wirksam ist, erfahrbar wird und auf das Ganze sich auswirkt. Wirklichkeit ist also einerseits ein Wort für das Allumfassende, das alles Seiende als einen großen Zusammenhang, eine Einheit verstehen läßt, andererseits eine Bezeichnung einzelner Dinge und Begebenheiten, sofern sie zu diesem Ganzen gehören und auf das Ganze sich auswirken. So gesehen sind nicht alle Dinge in gleichem Maße wirklich. Das Maß ihrer Wirksamkeit im Ganzen des Alls sowie das Maß, in dem sie uns angehen, bestimmt den Grad ihrer Wirklichkeit. Im höchsten Grade wirklich wäre dasjenige, welches die Einheit aller uns erfahrbaren Wirklichkeit bewirkt.« (In: Glaube und Wirklichkeit, München 1975, S. 18.)

sich von ihr be-eindrucken, ohne ihr gleich zu sehr seine eigenen subjektiven Vor-urteile einzudrücken. Sein Erkennen wird dabei mit der erkannten Wirklichkeit »sympathisch«, d. h. mit-fühlend und -leidend, an ihr teilnehmend und sie verstehend. Diese »Sympathie« läßt ihn dann auch das grundlegend Positive (und nicht zuerst das Negative) jeder Wirklichkeit wahrnehmen.

Das Beispiel einer zwischenmenschlichen Beziehung verdeutlicht dies: Wenn ich einen Menschen »verstehe«, dann geschieht sowohl etwas mit mir wie auch mit ihm selbst; wir treten in eine wechselseitige Beziehung ein, in der ich mich – über alle Vorurteile und Mißverständnisse hinaus – für ihn öffne, ihm in »Sympathie« begegne und er dadurch eine ganz andere, ursprünglichere Weise seiner Selbstverwirklichung erreicht als da, wo er zwar »durchschaut« und analysiert, aber unverstanden ist. Diese Methode des »Verstehens« läßt sich nicht als subjektive Willkür oder als unbegründbare Gefühlsduselei abtun; es sei denn, man will die Menschen und ihr Zusammenleben des eigentlich humanen Adels, also der Menschenwürde berauben und sie auf den beschränkten Sektor ihrer allgemein kontrollierbaren Erkenntnisfähigkeit reduzieren (gleichsam nach dem Modell einer von der konkreten Lebenswelt weitgehend abgeschirmten Gemeinschaft von Gelehrten und Forschern, deren Denken um ein ganz bestimmtes Objekt kreist und die deswegen alle anderen Bereiche ihres Menschseins – wenigstens zeitweise – als unwichtig zurückstellen).

Natürlich wollen wir mit dieser Betonung des »Verstehens« keineswegs die kritisch-fragende, rationale Erkenntnis und ihre drei Postulate abwerten; sie soll nur relativiert, d. h. als *eine*, aber nicht als einzige Methode wahrer Erkenntnis gelten, die deswegen auch nicht *allen* Bereichen gegenüber gleicherweise angemessen sein kann. Dennoch behält sie ihren entsprechenden Ort auch innerhalb jener vier genannten Bereiche, in denen die mensch-

liche Lebenswelt selbst zum Gegenstand der Erkenntnis
wird (z.B. als analysierende Psychologie, Soziologie,
Kunstwissenschaft, Religionskritik u.ä.); allerdings so,
daß sie erst *dann* ihrem jeweiligen Phänomen gerecht wird,
wenn sie *innerhalb* eines grundlegenden »Verstehens« ihre
experimentell begründeten Beobachtungen und Hypothesen als notwendige Präzisierung einbringt. Außerhalb einer
solchen methodischen Integration kann sie ihren Gegenstand eben nur sehr partiell erkennen (wie jemand, der ein
Mosaik in seine Einzelheiten zerlegt und beschreibt, ohne
zuvor das Ganze in den Blick genommen zu haben).

Auf eine bestimmte, einzigartige Weise ist auch der christliche Glaube ein »verstehendes« Umgehen mit unserer
Wirklichkeit. Er richtet sich ja nicht mit Hilfe eines ge-
heimnisvollen Sonderwissens auf irgendwelche unsichtbaren Hinter- oder Überwelten. Nein, ihm geht es um die
ganz normale, allen zugängliche Wirklichkeit unserer
Welt; sie ist der primäre Erfahrungsbereich des Glaubens,
sie versucht er zu »verstehen« und zu gestalten, allerdings
unter dem alles umgreifenden Gesichtspunkt ihrer Beziehung zu Gott und seinem geschichtlichen Handeln in
Jesus Christus. Diese Beziehung unserer ganzen Wirklichkeit zu einem sie gründenden und heilenden »Gegenüber«, das wir »Gott« nennen, gilt dem Glauben als die
tiefste Dimension unserer Welt. Wie kann er sie »verstehend« erkennen?

2. Glauben in der Weise des Bekenntnisses

Die Antwort auf diese Frage möchte ich in einer These
zusammenfassen, die im Laufe dieses 1. und auch des
2. Kapitels näher entfaltet und begründet wird:
Christlicher Glaube ist »verstehende« Erkenntnis des unbedingten Grundes und Sinns aller erfahrbaren Wirklichkeit in der Weise des *Bekenntnisses*.

Was damit gemeint ist, läßt sich am besten aus der Bedeutung der christlichen Glaubensbekenntnisse erhellen, deren Ursprung im Gottesdienst, vor allem in der altkirchlichen Taufliturgie, liegt und die auch heute noch im Gottesdienst der Gemeinde ihren bestimmenden Ort für den christlichen Glauben einnehmen.[6]

a. Dimensionen des Glaubensbekenntnisses

(1) Wer glaubt, bringt im Bekenntnis öffentlich zum Ausdruck, daß er Gott *anerkennt*: Er preist auf betende Weise Gott als den, dem er und alle Wirklichkeit das Dasein *verdankt*, der es deswegen auch – gegen alle erfahrene Sinnlosigkeit – sinnvoll sein läßt und der es in Christus zur endgültigen Sinnerfüllung (»Heil«) führt. Diese Anerkenntnis Gottes erschöpft sich nicht im Aufsagen von liturgischen Bekenntnisformeln. Im Gegenteil: Sie erweist sich konkret darin, daß der Glaubende sich diesem Gott vorbehaltlos anvertraut und sich in seinem ganzen Han-

6 Heute sind vor allem zwei solcher Glaubensbekenntnisse in unserer Liturgie gebräuchlich: das *apostolische* Credo, das seinen Ursprung im Taufbekenntnis der alten römischen Kirche in der Mitte des 2. Jahrhunderts hat und sich unter der zunehmenden Vorrangstellung Roms nur in der Westkirche durchgesetzt hat; und das *nizäno-konstantinopolitanische* Credo, welches (als Taufbekenntnis einer griechischen Regionalkirche) für die ersten zwei Konzilien von Nizäa (325) und Konstantinopel (381) als *die* authentische Auslegung der Heiligen Schrift und damit als Grundlage der Glaubensdefinition galt; es bildet heute noch die gemeinsame Basis des Glaubens aller Kirchen in Ost und West. Vgl. zur Geschichte und Theologie der Glaubensbekenntnisse: J. N. D. Kelly, Altchristliche Glaubenbekenntnisse. Göttingen 1972; J. Ratzinger, a. a. O. S. 54–69; W. Kasper, a. a. O. S. 85–101; W. Pannenberg, Das Glaubensbeknntnis ausgelegt und verantwortet vor den Fragen der Gegenwart. Gütersloh ³1979; Th. Schneider, Was wir glauben. Eine Auslegung des Apostolischen Glaubensbekenntnisses. Düsseldorf 1985.

deln in dieser Welt, ja in »Leben und Sterben« auf ihn
verläßt. Denn ihn hat er als den einzigen, unbedingt verläßlichen und durchtragenden Grund seines Lebens angenommen. So wird das Bekenntnis zur angemessenen
Antwort des Menschen auf das »Wort Gottes«, das der
Glaubende anfänglich in der ganzen Schöpfung und endgültig in Jesus Christus als *Zusage einer unbedingten Liebe*
vernimmt. Darin liegt der sog. *»doxologische«* (d.h. dan-
kend-preisend-anbetende) Charakter des Glaubens:
Glaube in der Weise des Bekenntnisses »versteht« die
Wirklichkeit aus einer fundamentalen, den Grund und den
Sinn aller Dinge benennenden *Dankbarkeit* heraus (darüber mehr im Abschnitt b und c).

(2) Wer glaubt, gliedert sich im Bekenntnis von vornherein
in den *gemeinsamen* Dank und Lobpreis der Kirche ein,
die als »Gemeinschaft der Glaubenden« ursprünglich in
jeden persönlichen Glaubensweg hineingehört. Das heißt:
Der einzelne übernimmt den ihm vorgegebenen Glauben
der Gemeinschaft an diesen alles tragenden und heilenden
Gott; er »erfindet« den Glauben nicht von sich aus aufgrund eigener gescheiter Überlegungen oder tiefer mystischer Erfahrungen. Vielmehr läßt er ihn sich von der Glau-
bensgemeinschaft und ihrer geschichtlich überlieferten
Erfahrung mit diesem Gott erst einmal bezeugen, ehe er
ihn selbst in Freiheit bejaht und als angemessenen Ausdruck seiner eigenen An-erkenntnis und »Erfahrung«
Gottes annimmt. – Paulus sagt deswegen: »So gründet der
Glaube in der Botschaft, die Botschaft im Wort Christi«
(Röm 10,17). Wer sich glaubend zu Gott bekennt, teilt den
gemeinsamen kirchlichen Glauben an die Botschaft Jesu
Christi; jedoch keineswegs als unbedeutendes »Teilchen«
in einem riesigen »Glaubenskollektiv«, sondern als ein
freies, mitverantwortliches und mitprägendes Glied im
»Leib Christi«.

Die Gemeinschaft im Glauben tritt darum nicht als ein
zweitrangiges (hilfreiches oder störendes, je nachdem) Be-

gleitphänomen zum Glauben der einzelnen hinzu (nach Art eines »Glaubensvereins« zur Stützung schwankender Glaubensindividuen...); sie ist im Ursprung jedes persönlichen Glaubens als der ermöglichende gemeinsame Lebensraum bereits anwesend, in welcher konkreten Form auch immer (siehe Kap. 4). Hier zeigt sich der *kirchlich-soziale* Charakter des Glaubens: Glaube in der Weise des Bekenntnisses »versteht« die Wirklichkeit im Horizont einer gemeinsamen, geschichtlich überlieferten Erfahrung mit Gott.

(3) Wer glaubt, nimmt im Bekenntnis bestimmte zentrale *Aussagen* des Glaubens als wahr und unbedingt verläßlich an. In solchen Aussagen »gerinnt« gleichsam die ganze geschichtliche Erfahrung des christlichen Glaubens in eine gemeinsame Sprache, z. B. der formulierten Glaubensbekenntnisse und Bekenntnisformeln, der dogmatischen Aussagen der Konzilien, der regionalen Synoden, der Päpste usw. Dabei können solche »Dogmen« natürlich jeweils ein ganz verschiedenes Gewicht für das gemeinsame und persönliche Bekenntnis des Glaubens haben. Denn die *vielen* einzelnen Glaubensaussagen sind ja nur zu verstehen als (nähere oder entferntere) Ausfaltung der *einen* Grundaussage, an die alle verschiedenen Bekenntnisse, Dogmen, theologische Lehrsätze, amtliche Verkündigungen als ihre sammelnde Mitte rückgebunden bleiben und von der sie das Maß ihrer Gewichtung erhalten: »Gott, der tragende Grund und vollendende Sinn aller Wirklichkeit, hat sich uns in seinem Sohn Jesus Christus auf menschliche Weise selbst geschenkt und uns damit in das Geschehen seiner Liebe endgültig hineingenommen; im Geist des auferstandenen Jesus haben wir Anteil an dieser Liebe Gottes, die als universal versöhnende und heilende Macht die ganze Schöpfung zum Reich Gottes verwandeln wird.« Wer dies (unter den verschiedensten auslegenden Formeln) bekennt, bindet sich damit sowohl an einen gemeinsam anerkannten Inhalt des Glaubens wie auch an seinen verbind-

lich ausgelegten Sinn und seine »Sprachregelung«. Für den christlichen Glauben ist dies ein notwendiges, eben »verbindendes« Zeichen der Gemeinschaft im Glauben. Denn darin gelangt sie zu einer konkreten, auch gesellschaftlich greifbaren Form ihrer Einheit und Identität.[7]

Vom Anfang der Geschichte des christlichen Glaubens an dienten solche festen »Bekenntnisformeln« (z. B. »Jesus ist der Kyrios, der Herr«, oder: »Gott hat unseren Herrn Jesus Christus von den Toten auferweckt«, oder: »Jesus Christus ist wahrer Gott und wahrer Mensch«, oder: »Wir glauben an den einen Gott in drei Personen«) als »regula fidei«, als »Glaubensregel«, die den wahren, verläßlichen Sinngehalt der ursprünglichen Glaubenserfahrung mit Jesus Christus auch sprachlich festhielt – gegen alle Versuche der Verkürzung, der Verfälschung und der Umdeutung. Darin liegt der »*dogmatische*« Charakter des Glaubens: Glaube in der Weise des Bekenntnisses »versteht« die Wirklichkeit in der Bindung an einen gemeinsam akzeptierten Inhalt der überlieferten Erfahrung mit Gott.

Diese dritte Bedeutung des Glaubens-Bekenntnisses hat im Laufe der Zeit die beiden anderen leider häufig in den Hintergrund gedrängt und sich dabei sogar verselbständigt. So kam es dann auch allmählich zu diesem weit verbreiteten, aber doch stark verkürzenden Glaubensverständnis, daß der katholische Glaube aus einer ganzen Litanei von Dogmen und Glaubenssätzen bestehe; und nur wer diese (je mehr, um so besser, ob verstanden oder nicht...) uneingeschränkt und unkritisch »für wahr halte«, sei im richtigen Sinn ein gläubiger Christ. Natürlich ist das eine Karikatur des Glaubens, auch wenn sie

---

7 Vgl. dazu W. Kasper, Dogma unter dem Wort Gottes. Mainz 1965; K. Rahner, Überlegungen zur Dogmenentwicklung. In: Schriften zur Theologie IV. Einsiedeln ⁵1967, S. 11–50; ders., Was ist eine dogmatische Aussage? In: Schriften zur Theologie V. Einsiedeln ³1968, S. 54–81.

noch so oft in der kirchlichen Alltagswirklichkeit anzu-
treffen ist. Der »dogmatische« Charakter des Glaubensbekenntnisses behält demgegenüber nur dann für den
Glauben seinen guten Sinn, wenn er als hilfreiche, den gemeinsamen Glauben in der Geschichte zuverlässig bewah-
rende Auslegung der ursprünglichen Glaubenserfahrung
verstanden wird. Ihm steht (wie allen institutionellen Formen des gemeinsamen Glaubens) nur diese *dienende* Rolle
gegenüber den beiden anderen Funktionen des Glaubensbekenntnisses zu; denn der Glaube richtet sich nicht auf
Sätze, sondern auf den persönlichen Gott selbst (Thomas
von Aquin): Wir glauben an Gott, nicht an Lehrsätze und
Dogmen. Darum bleibt das dankende Anerkennen Gottes
(1) in der Gemeinschaft der Glaubenden (2) die grundlegende Form des christlichen Glaubens. Wir wollen diese
beiden ersten Dimensionen des Credo in den folgenden
Abschnitten noch etwas eingehender entfalten. Dabei
wird uns auch die noch immer offene Frage beschäftigen,
inwiefern diese Glaubens-Erkenntnis wirklich eine *wahre*
Erkenntnis bedeutet und nicht einfach ein autoritäts- und
traditionsgläubiges Beteuern von »Leerformeln«.

b. Glauben als Vertrauen

Was heißt »dankendes Anerkennen Gottes« im Glauben?
Setzen wir wieder bei unserer Alltagssprache an. Wir gebrauchen das Wort »glauben« oft mit dem Zusatz: »Ich
glaube *dir* dies und jenes...«. Wenn mir einer ein Erlebnis
erzählt oder eine Information übermittelt, kann ich ihm
das zunächst einmal glauben oder auch nicht. Das hängt
eben ganz davon ab, ob ich dem anderen *vertrauen* kann.
Denn gerade da, wo ich mich nicht auf eigene Kenntnisse
stützen kann, ist die Glaubwürdigkeit der Person des anderen der Grund, warum ich seinen Worten glaube: Ich
nehme *ihm* das Gesagte ab, weil ich mich auf ihn verlassen
kann, weil ich ihn als glaub-würdig erfahren habe. In die-

sem Sinn ist »glauben« eine Grundform aller zwischenmenschlichen Beziehungen: nämlich jemandem Vertrauen schenken. Solange sich dieses Vertrauen im Bereich
geschäftlichen Umgangs miteinander oder beruflich-fach-
licher Qualifikation bewegt, kann man es weitgehend an
bestimmten, eindeutig umschreibbaren Kriterien festma-
chen. Ob ich z. B. einem Arzt vertraue, hängt weitgehend
von dem allgemein anerkannten Maß seiner Heilkunst ab.
Wo das Vertrauen jedoch in das Feld mitmenschlicher Zuneigung und Liebe fällt, ändert sich dies grundlegend;
denn jetzt kommt viel stärker der Mensch als Person ins
Spiel, als dieses einmalige »Ich« in seiner ganzen menschlichen Bedeutsamkeit. Wenn in einer solchen Beziehung
Menschen einander vertrauen, geht das weit über eine
kontrollierbare Erkenntnis von Tatsachen und Fähigkei-
ten hinaus, die das Vertrauen logisch einwandfrei rechtfer-
tigen könnten. Trotzdem braucht es nicht einfach ein ver-
schwommenes »Gefühl« zu sein! Nein, es hängt von einer
verstehenden Einsicht in die »Werthaftigkeit« dieser konkreten Person ab.[8]
Wie kommt man aber zu dieser Einsicht? Sicher nicht
durch Experimente oder Argumente, die ein mögliches
Vertrauen als wahr oder falsch erweisen sollen. Wer in
einer mitmenschlichen Beziehung die Vertrauenswürdigkeit eines anderen – aus einem falschen Sicherheitsbedürf-
nis oder aus Eifersucht heraus – auf die Probe stellt und sie
ausdrücklich einem »Experiment« unterzieht, macht genau dadurch in der Regel jedes Vertrauen (bei sich selbst
und beim anderen) zunichte; denn in einer solchen Beziehung kann ein derartiges (anderswo völlig gerechtfertig-

8 Vgl. C. Cirne-Lima, Der personale Glaube. Innsbruck 1959;
  H. Fries, Glauben-Wissen. Wege zur Lösung des Problems. Berlin
  1960; J. Pieper, Über den Glauben. München 1962; G. Muschalek,
  Glaubensgewißheit in Freiheit (Quaest. disp. 40). Freiburg 1968;
  J. Splett, Konturen der Freiheit. Frankfurt ²1981.

tes!) Verhalten nur als Gegenteil von Vertrauen, eben als Ausdruck des vorhandenen Mißtrauens verstanden werden. Umgekehrt darf aber auch in einer liebenden Beziehung Vertrauen nicht einfach blind oder rein gefühlsmäßig geschenkt werden. Nein, es beruht auf vielen erfahrenen Zeichen der Vertrauenswürdigkeit, die nicht extra provoziert werden, sondern eher im Verlauf eines längeren Umgangs miteinander sich gleichsam von selbst immer wieder neu herausstellen und so den anderen als glaubwürdig erweisen.

Dieses Glaubensverständnis spielt nun auch im Bereich des christlichen Glaubens an Gott eine große Rolle. Wir sprachen im ersten Abschnitt davon, daß im Glaubensbekenntnis der einzelne den Glauben der Kirche übernimmt. Konkret heißt das zunächst: Er vertraut denen, die ihm den Glauben bezeugen (z.B. seinen Eltern, den anderen Glaubenden, die ihm menschlich etwas bedeuten, auch den amtlich beauftragten Verkündigern usw.), daß sie ihm die Wahrheit über Gott und seine Geschichte mit uns sagen. Er hält sie für glaubwürdig. Ohne dieses Vertrauen den »Zeugen« des Glaubens gegenüber kommt es niemals zum Glauben an den Gott Jesu Christi. Es ist aber auch hier kein »blindes« Vertrauen: Es bewährt sich an den vielen Zeichen eines überzeugend vorgelebten Glaubens, der eben das, was er sagt, auch in der Praxis seines Lebens einzuholen versucht. Hier liegt die große Verantwortung jedes Glaubenden für die Weitergabe des Glaubens!

In dieses zwischenmenschliche Vertrauen sind zugleich, auf einer tiefer reflektierenden Ebene, auch die grundlegenden »Zeugnisse« des Glaubens: die Heilige Schrift und die sie auslegende Verkündigung der Kirche und ihre Tradition eingeschlossen. Wer glaubt, vertraut eben diesen Zeugnissen, daß sie die ursprüngliche Glaubenserfahrung mit Gottes rettendem Handeln getreu und wahrhaftig weitersagen, so daß auch wir uns heute darauf verlassen können. Dafür werden, gerade auch mit Hilfe geschicht-

licher Untersuchungen, viele Zeichen der Glaubwürdigkeit angeführt: z. B. die unmittelbare Nähe der ersten
Zeugen zum ganzen Christusgeschehen, ihre persönliche
Lauterkeit und die Ehrlichkeit ihrer Motive, der uneigen-
nützige Einsatz des Lebens so vieler Zeugen des Glaubens
für diese Botschaft, die Wachsamkeit der Kirche über die
bleibende Identität des ursprünglichen Glaubenszeugnis-
ses (z. B. durch den »Kanon« der Heiligen Schriften, durch
ihre Konzilien, ihre Heiligen, ihr Lehramt und ihre Theologen usw.).

Der letzte Adressat dieses zwischenmenschlichen Vertrauens im Bereich des Glaubens ist *Jesus* selbst, der ursprüngliche »Zeuge« Gottes und seiner Liebe. Wer glaubt,
vertraut ihm und seinem Wort; er »nimmt es ihm ab«, daß
in ihm Gott selbst am Werk ist; daß in seiner Sündenvergebung Gott selbst die Sünden vergibt; daß in seinem
Wort Gott selbst sein befreiendes und rettendes Wort uns
zusagt; daß in seiner heilenden Liebe Gott selbst sein
Reich der Gerechtigkeit und des Friedens unter uns auf-
richtet; daß in seinem Tod und in seiner Auferstehung das
endgültige Heil aller von Gott her begründet ist. Die
erfahrbare Glaubwürdigkeit dieses Zeugen liegt in der völligen Übereinstimmung von Wort und Leben: Die ungebrochene Menschlichkeit dieses Menschen, sein kompro-
mißloses Einstehen für das Reich Gottes um der Menschen, zumal der Armen willen bis zum Äußersten, bis
zum Tod am Kreuz, erweist ihn und sein Wort als dieses
Vertrauens würdig.

Man steht diesem Menschen gegenüber letztlich vor der
Alternative: *Entweder* spricht und handelt hier ein religiös
Wahnsinniger, der sich mit einem maßlos überzogenen,
alle menschlichen Maße sprengenden Anspruch auf die
Seite Gottes stellt – *oder* hier spricht und handelt wirklich
Gott selbst in der Gestalt seiner menschgewordenen
Liebe. Der bequeme »Mittelweg«, nämlich Jesus auf einen
»idealen Menschen«, einen »großen Künder der Näch-

stenliebe«, einen »Freund der Armen«, einen »Propheten menschenwürdiger Zukunft« oder auf sonst eine der zahllosen modernen Jesusidealisierungen zu reduzieren, kann nur auf Kosten eines unehrlichen Verdrängens seines tatsächlichen Selbstanspruchs gelingen (z. B. daß in seinem Handeln das Reich Gottes bereits angebrochen sei, daß er im Namen Gottes die Sünden vergeben, daß er die Autorität des Mose, des Sabbats und des Tempels relativieren, daß sich an dem Ja oder Nein zu ihm das ewige Schicksal des Menschen entscheiden könne usw.). Für die *zweite* Seite der Alternative spricht die einzigartige Verbindung von »maßlosem« Anspruch und ebenso »maßloser« Demut: Nichts entspricht im Verhalten Jesu dem eines religiös Überspannten und sich selbst Überschätzenden. Vielmehr konkretisiert sich sein Anspruch gerade in den einfachsten und schlichtesten Gesten menschlicher Dienstbarkeit: Er wäscht den Seinen die Füße, er versteht sich als ihr Diener, er sucht mit Vorliebe die Gesellschaft der kleinen Leute, der Kranken, der Geringgeachteten, er nimmt den Tod für Verbrecher und Sklaven auf sich. Gerade dies macht glaubwürdig, daß er die Wahrheit sagt und tut: nämlich daß hier die sich entäußernde Liebe Gottes selbst am Werk ist.

Wir können jetzt eine kleine »Zwischenbilanz« ziehen: Der christliche Glaube ist *auch* eine ganz bestimmte Form des zwischenmenschlichen Vertrauens. Aufgrund bestimmter wahrnehmbarer Zeichen der Glaubwürdigkeit glaubt er dem Wort der Zeugen, die ihm die Botschaft von Gottes Liebe bezeugen. Die Frage ist nur: genügt das? Ist das nicht doch ein zu äußerliches Vertrauen? Richtet es sich nicht primär nur auf Menschen und ihr Zeugnis, aber nicht direkt auf Gott? Auch wenn ich in Jesus Gott selbst am Werk glaube – kann ich *diese* Art von Vertrauen grundsätzlich nicht auch einem anderen Menschen und seinem Wort schenken, der eine ähnlich glaubwürdige Übereinstimmung von Wort und Leben »vorweisen« kann? Gibt

es nicht auch sonst genügend »Zeugen« einer Weltan-
schauung, die voller Lauterkeit und Ehrlichkeit sogar ihr
Leben für diese ihre Überzeugung einsetzen? Gibt es nicht
auch außerhalb des Christentums heilige Schriften, reli-
giöse Traditionen und Institutionen, die eines solchen
Vertrauens durchaus würdig sind? In der Tat, wenn ich
den Glauben *nur* in der Form dieses Vertrauens sehe, dann
bleibt er im Rahmen der normalen menschlichen Möglichkeiten; dann wird seine Einzigartigkeit unterschlagen,
die ihm gerade aufgrund der Beziehung zu seinem einzigartigen Gegenüber, eben zu Gott erwächst. Aber auch
seine Wahrheit, seine begründete Glaubwürdigkeit kann
durch diese Form des Vertrauens allein noch nicht aufge-
zeigt werden; denn es bewegt sich noch auf der gleichen
Ebene menschlicher Weltanschauungen, die mit ähnlichen
Gründen Wahrheit beanspruchen. Glauben als Glaubensbekenntnis schließt zwar wesentlich auch diese Form des
Vertrauens gegenüber den Zeugen des Glaubens ein. Aber
in seiner eigentlichen Dimension übersteigt er alle ver-
gleichbaren menschlichen Handlungsweisen und läßt den
Glauben zu einer Form von Vertrauen werden, das nur
Gott gegenüber, dem letzten »Woraufhin« des Glaubens
gerechtfertigt ist. Dieses Vertrauen wird zwar einerseits
von den glaubwürdigen Zeugen des Glaubens geweckt
und vermittelt; andererseits aber begleitet und trägt es zugleich als der eigentliche Grund auch das zwischenmenschliche Vertrauen im Glauben. Wie sieht dieses Vertrauen zu Gott aus?

c. *Glauben als umfassendes Sich-Gott-Anvertrauen*

Die dankende Anerkenntnis Gottes im Glaubensbekenntnis bringt genau jene Weise des Vertrauens zum Vorschein, die den Glauben auszeichnet: Es ist die Grundhaltung des umfassenden Sich-Gott-Anvertrauens und des
Sich-auf-Gott-Verlassens. Vertrauen dieser Art ist etwas

ganz anderes, als nur dem Wort eines vertrauenswürdigen Gegenübers Glauben zu schenken und es ihm »abzunehmen«. Es bedeutet vielmehr, daß ich mich in meiner ganzen Existenz, in meinem Handeln und Erleben, in meinen Ziel- und Wertvorstellungen, in meinen Hoffnungen und Ängsten, in meinem Leben und Sterben ganz auf Gott verlasse und in ihm den letztlich sinngebenden Grund meines Daseins und der Wirklichkeit überhaupt finde.[9] Kurz gesagt: Gott ist für den Glaubenden das Wichtigste in der Welt. Genau dies ist mit der Formulierung des Glaubensbekenntnisses gemeint: »Ich glaube *an* Gott« (credo *in* Deum); d.h. ich richte mich auf ihn hin aus, ich beziehe mich und alle Wirklichkeit ganz und gar auf ihn, ich sehe alles und handle in allem von ihm her und auf ihn hin (»sub ratione dei«). Das bedeutet konkret: Alles, was mir begegnet, nehme ich als *Gabe* Gottes entgegen; die ganze Wirklichkeit nimmt für mich – noch vor ihrer Zerrissenheit durch das Böse und das sinnlose Leid – den Charakter des Verdankt-Seins an; zugleich vermag ich in allem (wenn auch noch so verborgen) Vor-zeichen der befreienden, vollendenden Liebe Gottes zu sehen und selbst zu setzen. Nach einem schönen Wort des heiligen Ignatius heißt glauben: »Gott finden in allen Dingen.« Der Lebensentwurf eines so Glaubenden trägt das alles bestimmende Vorzeichen: »Ich glaube an Gott« vor der Klammer seiner bunten Lebensgeschichte.

In sehr vielen Menschen lebt ein oft wort- und sprachloses Verlangen nach einem letzten, absoluten Bezugspunkt, auf den hin sie alle Einzelbezüge ihres Lebens ausrichten können und von dem her sie alle ihren Sinn erhalten. Oft genug suchen Menschen diese Sehnsucht bei den verschiedensten Gütern ihrer Lebenswelt zu stillen: zuvorderst beim anderen, geliebten Menschen oder bei einer Gemein-

9 Vgl. W. Kasper, Einführung in den Glauben, a.a.O. S.71ff.; B. Welte, Religionsphilosophie, a.a.O. S. 172ff.

schaft, die Geborgenheit gibt, bei den eigenen Kindern, für die man alles einsetzt und in denen man irgendwie weiterzuleben hofft, beim Erfolg im Beruf, bei Ehre und Anerkennung in der Öffentlichkeit, beim Geld, beim Genießen der Lebensfreude, der Vitalität, der Sexualität usw. »Worauf Du Dein Herz hängest und verlassest, das ist eigentlich Dein Gott« (Martin Luther). Der Glaubende »hängt sein Herz« im letzten und tiefsten an jenen »Wert«, den er Gott nennt; alle anderen Werte werden deswegen keineswegs verachtet oder geleugnet, wohl aber auf ihn hin relativiert, d. h. auf ihn bezogen, von ihm geprägt, von ihm in Dienst genommen. Genau dies bewahrt die endlichen Werte davor, vom Menschen vergötzt und damit zerstört zu werden. In den Worten des Neuen Testaments: »Suchet zuerst das Reich Gottes, und alles andere wird euch dazugegeben« (Lk 12,31). Das bedeutet: Gott und sein Reich der Liebe und der Gerechtigkeit stehen nicht einfach nur in der Skala aller möglichen Werte ganz oben; nein, sie sind vielmehr von anderer Qualität als alle menschlichen Werte. Denn sie allein sind wirklich »absolute«, d. h. end-gültige, vollkommen in sich selbst gefüllte Werte, die auf nichts »Höheres« mehr zu beziehen und durch nichts zu relativieren sind. Alles andere kann Gott und seinem Reich gegenüber nur ein »relativer« Wert sein, der überhaupt nur in der Beziehung zu Gott seinen richtigen Stellenwert und damit auch erst seinen vollen Wert im Ganzen unserer Wirklichkeit erhält (vgl. dazu Kap. 3).

Läßt sich so ein Glaube menschlich überhaupt vollziehen? Sicher nicht aus eigener Kraft! Ein solches restloses Sich-Gott-Anvertrauen liegt keineswegs im natürlichen Möglichkeitsbereich des menschlichen Wollens und Entscheidens. Es wird vielmehr erst dazu befähigt in der Begegnung mit seinem »Gegenüber«; denn jener tragende und sinngebende Grund allen Daseins begegnet – anfänglich in der Schöpfung, endgültig in Jesus Christus – dem sich öffnenden Menschen als die Zusage einer unendlichen *Liebe*, die an nichts Menschlichem und Weltlichem ihr Maß hat, die aber zugleich den Menschen so »anzieht«, daß er sich von ihr beschenken läßt und sich dann in der Kraft dieser empfangenen Liebe ganz und gar auf sie verläßt. Der begegnende Gott selbst begabt mit seiner Liebe den Menschen zu der Antwort des Vertrauens. In der Sprache der Bibel heißt das: Der Glaube ist nicht eine Leistung meiner Vernunft und meines Willens, sondern zuallererst »Gnade«, die in ihrer einladenden Kraft meine Vernunft und meinen Willen befähigt, zu Gott in *freier*, dankbarer Verantwortung ja zu sagen, ohne dabei von ihm verdrängt oder erdrückt zu werden.

3. Die Bewährung des Glaubens

Eine Frage, die uns von Anfang an begleitet, ist immer noch offen: Wie kann sich dieser Glaube an Gott als *wahr* ausweisen? Wie können wir mit einer dem Glauben angemessenen Gewißheit ausschließen, daß er nicht doch zutiefst auf Wunschträumen und Illusionen beruht? »Stimmen« eigentlich die im Glauben gemachten Aussagen über Gott, über Jesus Christus, über seine heilende und befreiende Liebe zu uns? Auch wenn die anfangs genannten drei kritischen Erkenntniskriterien der spezifischen Erkenntnisweise des Glaubens nicht angemessen sind, so muß sich der Glaube doch auf *seine* Weise begründen und von schlichter Projektion unterscheiden lassen.

Solche Fragen werden nicht nur von außen an den Glauben herangetragen; sie bewegen heute viele Glaubende selbst und können sich als ständige Anfechtung im eigenen Herzen einnisten. Ein gläubiger Mensch ist ja keineswegs vor allen Zweifeln, Dunkelheiten, Versuchungen und Fragen gefeit. Er wird im Gegenteil oft noch viel schmerzlicher als andere die Last der menschlichen Ungeborgenheit, den Schmerz des ungerechtfertigten Leids und die

Verzweiflung angesichts des maßlosen Bösen in unserer Geschichte verspüren; steht das alles doch in einem schreienden Widerspruch zu seinem Glauben an einen guten Gott und an eine zutiefst sinnvolle, weil ihm verdankte Wirklichkeit. Selbst die Menschen in der unmittelbaren Umgebung Jesu waren nicht davor bewahrt, ihren Glauben dem ständig andrängenden Unglauben bei sich selbst abzuringen; so ruft z. B. der Vater des kranken Jungen: »Herr, ich glaube, hilf meinem Unglauben!« (Mk 9,24). Wie können wir dieses Nebeneinander aushalten? Wie können wir mit unseren Zweifeln und Fragen so leben, daß der Glaube doch als ein verantwortetes und begründetes Tun erscheint?

Nun, der letztlich ausschlaggebende, den Glauben tragende und seine Wahrheit erweisende Grund ist der *im* Tun des Anvertrauens uns »aufgehende« und nahekommende Gott selbst.

Wer sich auf ihn verläßt und sein Leben von dieser Gelassenheit bestimmen läßt, kann *in* dieser seiner Lebenspraxis Gott wahrnehmen als den schlechthin durchtragenden, in allem heilend und befreiend wirkenden Grund; und zwar nicht nur seines eigenen Lebens, sondern unserer gesamten Wirklichkeit, die in ihm auch ihren Sinn und ihr Ziel findet, eben das in allem versöhnte Leben des »Reiches Gottes«.

Die biblische Glaubenserfahrung spricht hier von der »Treue« Gottes: daß Gott *ist* und daß er unseres vorbehaltlosen Vertrauens *würdig* ist, steht nicht einfach »objektiv« *vor* dem Vertrauen schon fest, sondern »bewahrheitet« sich erst in der langen Geschichte des Sich-Einlassens Israels und der Kirche auf ihn; indem man ihm »traut«, erweist er sich als »treu«. Die Wahrheit des Glaubens wird also nur erkannt im fortschreitenden Geschehen seiner »Bewährung«: Wer sich auf Gott verläßt, wird von ihm in keiner Situation verlassen, sondern immer tiefer in seine tragende Treue eingeborgen.

Diese Glaubenserfahrung wird uns heute vor allem in der Begegnung mit Jesus Christus ermöglicht; in ihm ist Gottes Treue unwiderruflich offenbar geworden. Wer sich ihm in der Nachfolge anvertraut, kann dem überschwenglichen Wort des Paulus voll zustimmen: »Ich bin gewiß, daß weder der Tod noch das bedrohliche Leben, noch Boten der dunklen Macht, weder Zufall noch Schicksal, weder das heutige Unheil noch die Gefahren von morgen, weder Gewalten der Erde noch Mächte in den Sternen, in der Höhe am Himmel oder in der Tiefe unter meinen Füßen, noch irgendein anderes, von Gott geschaffenes Wesen, das seinem Willen unterworfen ist wie sie, uns zu scheiden vermag von der Liebe Gottes, die uns in Christus erschien, unserem Herrn« (Röm 8,38 f.; nach der Übersetzung von J. Zink).

Diese lebenspraktische Bewährung des Glaubens läßt sich vor allem an zwei Merkmalen erkennen. *Einmal* an seiner *Integrationsfähigkeit:* Der Glaube erweist sich dadurch als »wahr«, daß er *alle* uns begegnenden (gerade auch die negativen!) Phänomene und Erfahrungen, alle Bereiche und Dimensionen unseres persönlichen und gesellschaftlich-kulturellen Lebens sinnvoll in sich integrieren kann. D. h. indem er sie in Beziehung zu Gott setzt, kann er sie so deuten und verarbeiten, daß er nichts von der oft so undurchschaubaren Vielfalt und Komplexität unserer Welt verdrängen oder ausklammern muß, sondern im Gegenteil sie zu einem stimmigen Ganzen verbindet und so auch dem eigenen Leben – bei allen einzelnen Brüchen und Rissen – zu einer grundlegenden »Stimmigkeit« verhilft.

Als *zweites* Erkennungszeichen der Wahrheit des Glaubens möchte ich seine *humanisierende* Kraft nennen: Wo ein glaubender Mensch sich auf Gott verläßt, kann ihn diese vertrauende Gelassenheit zu einer tiefen, realitätsgerechten Menschlichkeit befreien. Denn er braucht dann nicht mehr aus der oft so unmenschlich machenden »Angst um sich selbst« heraus zu leben (P. Knauer), son-

dern kann sich und die ganze ihm begegnende Wirklichkeit geborgen wissen in der Macht einer absolut verläßlichen »Sympathie«. Und genau das befreit zu einer ehr-
lich-liebevollen Annahme meiner selbst (mit all meinen
Grenzen und Schwächen), die mich auch die Welt um
mich herum wirklich so annehmen läßt, wie sie ist. Nicht
resignativ, sondern darum wissend, daß die Kraft humaner
Veränderung einzig aus der Annahme dessen, was ist, erwächst: »Es ist, was es ist, sagt die Liebe« (E. Fried), und
sie schöpft genau daraus die Fähigkeit, die Dinge sinnvoll
weiterzubringen und zu verwandeln.

Und dennoch: Trotz dieser und anderer Zeichen bleibt die
endgültige Bewährung des Glaubens eine Sache der *Hoffnung*. Denn er wird sich erst dann ganz bewahrheiten können, wenn die Geschichte unseres Vertrauens an ihr Ziel
kommt: im vollendeten Reich Gottes, in dem die Toten
auferstanden und Gott in seiner versöhnten Schöpfung
»alles in allem sein wird« (1 Kor 15,28).

2. Kapitel
Die Weite des Glaubens

Im ersten Kapitel haben wir die wichtigsten Momente des *christlichen* Glaubensverständnisses kennengelernt. Darin spielt natürlich *Jesus Christus* eine entscheidende Rolle; denn er ist der »Mittler« unseres glaubenden Verhältnisses zu Gott; in *unserem* Glauben bekommen wir Anteil an *seinem* vorbehaltlosen Sich-dem-Vater-Anvertrauen. Indem wir uns in seine Nachfolge um des Reiches Gottes willen begeben, vertrauen wir uns »durch ihn und mit ihm und in ihm« (vgl. das liturgische Hochgebet der Kirche) Gott, dem Vater, an.

Wie sieht es aber nun mit dem Gottesverhältnis all jener Menschen in anderen Religionen und Weltanschauungen aus, die Jesus Christus überhaupt nicht kennen und nicht in eine glaubende Beziehung zu ihm treten (können)? Viele von ihnen sprechen ja auch von »Gott«, sie beten zu ihm und verehren ihn; *glauben* sie also auch im gleichen Sinn wie wir? Hat sich derselbe Gott nur auf andere Weise ihnen auch geoffenbart? Oder haben sie eine ganz verkehrte, eigenmächtig produzierte Vorstellung von »Gott« und deswegen auch vom »Glauben«?

Nun, zumindest Abraham und dem Volk Israel spricht die christliche Tradition vom Neuen Testament an ganz unbefangen den »Glauben« an den wahren Gott zu. Und nach der Lehre des zweiten Vatikanischen Konzils stehen auch die Menschen in anderen Religionen, ja selbst solche, die (ohne ausdrücklich Gott zu nennen) in einer echten Menschlichkeit sich selbstlos für ein menschenwürdiges Zusammenleben auf dieser Erde einsetzen, in einer heilbringenden, rettenden Beziehung zum Gott Jesu Christi. Zwei wichtige Konzilstexte möchte ich hier anführen:

»Diejenigen endlich, die das Evangelium noch nicht empfangen haben, sind auf das Gottesvolk auf verschiedene Weise hingeordnet. In erster Linie jenes Volk, dem der Bund und die Verheißungen gegeben worden sind und aus dem Christus dem Fleische nach geboren ist (vgl. Röm 9,4f.), dieses seiner Erwählung nach um der Väter willen so teure Volk: die Gaben und Berufung Gottes nämlich sind ohne Reue (vgl. Röm 11,28f.). Der Heilswille umfaßt aber auch die, welche den Schöpfer anerkennen, unter ihnen besonders die Muslim, die sich zum Glauben Abrahams bekennen und mit uns den einen Gott anbeten, den barmherzigen, der die Menschen am jüngsten Tag richten wird. Aber auch den anderen, die in Schatten und Bildern den unbekannten Gott suchen, auch solchen ist Gott nicht ferne, da er allen Leben und Atem und alles gibt (vgl. Apg 17,25–28) und als Erlöser will, daß alle Menschen gerettet werden (vgl. 1. Tim 2,4). Wer nämlich das Evangelium Christi und seine Kirche ohne Schuld nicht kennt, Gott aber aus ehrlichem Herzen sucht, seinen im Anruf des Gewissens erkannten Willen unter dem Einfluß der Gnade in der Tat zu erfüllen trachtet, kann das ewige Heil erlangen. Die göttliche Vorsehung verweigert auch denen das zum Heil Notwendige nicht, die ohne Schuld noch nicht zur ausdrücklichen Anerkennung Gottes gekommen sind, jedoch, nicht ohne die göttliche Gnade, ein rechtes Leben zu führen sich bemühen. Was sich nämlich an Gutem und Wahrem bei ihnen findet, wird von der Kirche als Vorbereitung für die frohe Botschaft und als Gabe dessen geschätzt, der jeden Menschen erleuchtet, damit er schließlich das Leben habe« (Lumen gentium Nr. 16).

»Das gilt nicht nur für die Christgläubigen, sondern für alle Menschen guten Willens, in deren Herzen die Gnade unsichtbar wirkt. Da nämlich Christus für alle gestorben ist und da es in Wahrheit nur eine letzte Berufung des Menschen gibt, die göttliche, müssen wir festhalten, daß der Heilige Geist allen die Möglichkeit anbietet, diesem

österlichen Geheimnis in einer Gott bekannten Weise verbunden zu sein« (Gaudium et spes Nr. 22).

Man spricht deswegen heute gern vom »anonymen Glauben« (P. Knauer) oder vom »anonymen Christsein«
(K. Rahner)[1] all derer, die *ohne* ausdrückliches christliches
Glaubensbekenntnis doch (mehr einschlußweise) durch
ihr gutes religiöses oder auch einfach menschliches Verhalten in einer dem christlichen Glauben verwandten
Weise »glauben« und so auch zu einer heil-bringenden Begegnung mit Gott gelangen.

Wenn dem so ist, dann scheint Jesus Christus für den
Glauben an Gott keine unersetzliche Bedeutung zu haben.
Dann kann man offensichtlich auch auf ganz andere Weise
Gott erkennen und bekennen; und die christliche Weise
des Glaubens wäre nur eine unter vielen möglichen! Widerspricht dem aber nicht ganz entschieden das Selbstverständnis des christlichen Glaubens, der doch ausdrücklich
daran festhält, daß »in keinem anderen als in Jesus das Heil
zu finden ist. Denn es ist uns Menschen kein anderer
Name unter dem Himmel gegeben, durch den wir gerettet
werden sollen« (Apg 4,12; vgl. auch Röm 3,21 ff.: die rettende Rechtfertigung geschieht allein aus dem Glauben an
Jesus Christus; oder Joh 14,6: »Ich bin der Weg, die
Wahrheit und das Leben; niemand kommt zum Vater außer durch mich!« u. a. m.). Wenn Jesus wirklich der einzige
Mittler zu Gott, dem Vater, ist, dann kann es doch nicht
einfach an ihm vorbei einen Weg zu Gott geben! Um diesen (scheinbaren) Widerspruch aufzulösen, müssen wir
drei verschiedene Fragen klären:

---

1 P. Knauer, Der Glaube kommt vom Hören. Freiburg 1991,
S. 106 ff.; K. Rahner, Die anonymen Christen. In: Schriften zur
Theologie VI. Einsiedeln 1968, S. 545–554; ders., Weltgeschichte
und Heilsgeschichte. In: Schriften zur Theologie V. Einsiedeln
1968, S. 115–135; ders., Das Christentum und die nichtchristlichen Religionen. Ebd., S. 136–158.

1. Wie ist es überhaupt möglich, daß Menschen ohne Jesus Christus doch von Gott wissen und zu ihm (wie Abraham bzw. Israel) eine glaubende oder (wie in anderen Religionen und in einer humanen Lebenspraxis) eine glaubensähnliche Beziehung haben können? (Abschnitt 1)

2. Wo liegt der entscheidende Unterschied zwischen christlichem und außerchristlichem Glauben? (Abschnitt 2)

3. Welche Rolle spielt Jesus Christus für das Gottesverhältnis der Nicht-Christen? (Abschnitt 3)

1. Glaubender Zugang zu Gott – ohne Jesus Christus?

a. Der Weg Israels

Beginnen wir bei unserer *ersten* Frage mit dem Glauben *Israels*, denn er ist ein »Musterbeispiel« für die Möglichkeit außerchristlichen Glaubens überhaupt; d.h. von ihm her lassen sich andere Glaubensweisen außerhalb des Christentums in ihrer Möglichkeit (nicht in ihrer inhaltlichen Konkretheit) verständlich machen. Denn einerseits glaubt das alttestamentliche Israel an den *gleichen* Gott, den auch Jesus und in seiner Nachfolge die Christen verehren; andererseits jedoch tut es dies *ohne* Bezugnahme auf Jesus Christus und seine Verkündigung. Wenn dies also grundsätzlich möglich ist, dann können sich auch für andere, nicht-christliche Religionen – bei Wahrung aller unaufhebbaren Unterschiede – vergleichbare Wege eines Zugangs zu Gott eröffnen.

Israel machte in den verschiedensten geschichtlichen Ereignissen seiner einzelnen Stämme und schließlich des ganzen Volkes *eine* große, durchtragende Erfahrung, die es vor allem mit dem befreienden Auszug aus Ägypten verband und die ihm durch die Worte seiner *Propheten* verständlich gedeutet wurde: daß nämlich diese Geschichte der wiederholten Befreiung aus Gefahr und Gewalt ein *Versprechen* in sich birgt, das von keiner Gegenwart restlos erfüllt wird, das vielmehr ständig in eine grenzenlose Weite möglicher Einlösung vorausweist und das sich dabei zugleich als verläßlich erweist.[2] Diese Eigenart seiner Geschichtserfahrung öffnet dem Volk Israel das Bewußtsein für die *Zukunft* als *die* entscheidende Zeitkategorie: Die Geschichte von Unterdrückung und Befreiung läuft auf ein Ziel zu, das noch aussteht, das noch erwartet werden muß; als das »Noch-nicht«-Geglückte mitten in allem (partiell) »schon« Erreichten übersteigt es ständig die Gegen-wart und gibt der ganzen Geschichte eine Dynamik des hoffenden Voranschreitens in eine heilvolle Zukunft. Die biblisch-prophetische Sprache nennt dies »Verheißung« und deutet die ganze Geschichte Israels als eine »Verheißungsgeschichte«. Was immer auch diesem Volk widerfährt, es weckt seine vertrauensvolle Erwartung auf ein neues, befreiendes, rundum glückendes »Heil-sein«. Das wird in den verschiedenen Epochen der Geschichte mit ganz unterschiedlichem Inhalt konkret gefüllt: z. B. als Inbesitznahme eines Landes, »das von Milch und Honig fließt«; als reiche Nachkommenschaft »wie der Sand am Meer und die Sterne am Himmel«; als endgültiger Sieg über die Feinde; als Gesellschaftsordnung, die ganz von Frieden und Gerechtigkeit geprägt ist; als das Friedensreich eines gerechten Königs (= Messias); als ein langes, erfülltes Leben, das mit allen Gütern der Erde gesegnet ist; als ein »neuer Himmel und eine neue Erde«; als ein ewiges Leben in der »Auferstehung der Toten« usw. Gerade in bestimmten befreienden Ereignissen wird deswegen auch schon eine Erfüllung solcher Verheißungen

2 Vgl. dazu M. Buber, Der Glaube der Propheten. In: Werke II – Schriften zur Bibel. München 1964, S. 231–484; G. v. Rad, Theologie des Alten Testamentes II. München 1960, bes. S. 112–132; J. Moltmann, Theologie der Hoffnung. München [11]1980, S. 85–120; W. Zimmerli, Grundriß der alttestamentlichen Theologie. Stuttgart 1982, bes. S. 12–24.

gesehen; allerdings setzt diese zugleich wieder – wegen ihrer Vorläufigkeit und Begrenztheit – eine neue Verheißung frei: Jede erfahrene Erfüllung einer Hoffnung ent-
läßt aus sich den Überschuß noch größerer Verheißung.

Die Erfahrung des unstillbaren und doch verläßlichen
Versprechenscharakters seiner Geschichte wird vom Volk
Israel – geleitet durch seine deutenden Seher und Propheten – in einer noch tiefer liegenden, aus der Geschichte
nicht einfach ableitbaren Einsicht begründet: daß nämlich
dieser Charakter den geschichtlichen Ereignissen *nicht
von sich aus* zukommt. Es ist für Israel keine selbstverständliche, den geschichtlichen Begebenheiten natür-
licherweise anhaftende Eigenschaft, daß sie Hoffnung
wecken und bereits anfänglich erfüllen, daß sie befreiendes
Heil versprechen und zugleich schon vermitteln. Der
»Auslöser« solcher Hoffnung liegt für Israel wohl in der
Unterbrechung des Erwartbaren, in der »Unwahrschein-
lichkeit« der erfahrenen Geschehnisse: Gerade die vom
natürlichen Lauf der Dinge und von der gesellschaftlichen
Entwicklung her Verlorenen, Aussichts- und Chancenlo-
sen (wie Israel in Ägypten) werden mit Heil, Rettung und
neuem Leben beschenkt! Eine solche Erfahrung, die den
normalen, berechenbaren Gang der geschichtlichen Ereignisse und des Naturgeschehens radikal unterbricht, weckt
in Israel den Glauben, daß hier eine ungeschuldete, aus
nichts innerweltlich Erkennbarem abzuleitende *Treue*
einer lebensgewährenden Macht gerade zugunsten der von
sich aus absolut Hilflosen am Werk ist. Diese rettende und
zugleich eine überschwengliche Hoffnung weckende
Macht gibt sich Israel in freier »Selbstoffenbarung«, vermittelt durch das prophetische Wort, als »Jahwe«, als der
»Dabeiseiende« zu erkennen: »Da sagte Mose zu Gott:
ich werde also zu den Israeliten kommen und ihnen sagen:
der Gott eurer Väter hat mich zu Euch gesandt. Sie aber
werden mich fragen: wie heißt er? Was soll ich ihnen dann
sagen? Gott antwortete Mose: Ich bin der Ich-bin-da« (Ex

3,13 f.). Es ist der Gott, der aus reiner Huld in den geschichtlichen Ereignissen schützend und befreiend »dabei« ist und sie durch seine Güte »verheißungsvoll« werden läßt. Sein »Dabeisein« reicht von der Schöpfung an, die das Werk seines die Welt in Liebe frei-setzenden »Wortes« ist, über die Geschichte Israels und der anderen Völker, in der er seine verläßliche »Treue« erweist, bis hin zum »Reich Gottes« der Endzeit, in dem alle Wirklichkeit die versöhnende Macht seiner Liebe erfährt und anerkennt. Auf diesen »dabeiseienden« Gott baut Israel, seiner Treue *traut* es und macht sich mit ihm auf den Weg.

b. Der Weg über die Schöpfung

Dieser Glaube Israels erklärt nun auch die grundsätzliche Möglichkeit und Berechtigung anderen, nicht-christlichen Sprechens *von* Gott und *zu* ihm: Es ist insofern möglich und tatsächlich auf den Gott unseres Glaubens bezogen, als es – in seiner jeweiligen geschichtlich und gesellschaftlich bedingten Gestalt und unter ganz verschiedenen Namen – eine vergleichbare Wahrnehmung des *Versprechenscharakters* unserer Wirklichkeit ausdrückt. Darunter verstehe ich jene Sicht der Wirklichkeit, die diese als offenen, unabschließbaren *Möglichkeitshorizont* wahrnimmt, auf den jedes Erkennen, Handeln und Hoffen vorgreift. Dies ist immer dann der Fall, wenn Menschen ihre erfahrbare Wirklichkeit – angefangen bei sich selbst, ihrer persönlichen Geschichte und ihren primären sozialen Beziehungen, über ihre konkrete Lebenswelt bis hin zu den umgreifenden gesellschaftlichen Systemen, eingeschlossen ihre natürliche und kulturell gestaltete Umwelt – so bejahen und sich so in »Sympathie«, d. h. in verstehender Teilnahme dazu verhalten, daß sich ihnen darin ein ganz bestimmtes »Gut-*Sein*« der Wirklichkeit erschließt: daß diese nämlich einerseits das menschliche Verlangen nach Sinn und Heil partiell erfüllen kann *und* doch zugleich über sich hinausweist auf ein mögliches »Gut-*Werden*«, das in seiner Fülle von uns aus nie zu erreichen, aber in erwartender und tätiger Hoffnung offenzuhalten ist.[3] Wo immer dies geschieht, wird unsere Wirklichkeit als Schöpfung wahrgenommen, die auf Gott als ihren setzenden Grund und ihr vollendendes Ziel verweist.

Vier *Beispiele* aus den verschiedensten Lebensbereichen können diese Rede vom »Versprechen«, das in unserer ganzen Schöpfung liegt, etwas veranschaulichen:

1) So entspricht z.B. eine gelingende *Freundschaft* wie nichts anderes der Hoffnung eines Menschen auf Glück, auf Sinn, auf gelungene Selbstverwirklichung. Hier kann er mit sich, mit seiner Welt und seinem ganzen Geschick so glückend übereinstimmen, daß er mit Faust zu diesem »seligen Augenblick« sagen mag: »Verweile doch, du bist so schön!« Und doch gibt es andererseits auch keine Erfahrung, die so scharf die Trauer der Endlichkeit im Menschen weckt wie diese. Erfährt er doch ständig, daß diese Übereinstimmung ihre Grenzen und Beschränktheiten hat: z.B. in der eigenen und des anderen Liebesfähigkeit, die von so vielen Bedingungen abhängt; oder im Schuldigwerden aneinander und in der Schwierigkeit zu vergeben; oder in der Unbeständigkeit der Zuneigung; oder im unvermeidbaren Getrenntwerden voneinander, was letztlich im Tod des geliebten Partners seine ganze Härte zeigt. Dieses Zusammenspiel von beglückender Gegenwart *und* der darin erfahrenen Endlichkeit kann den liebenden Menschen in Resignation oder Verzweiflung stürzen, kann ihn davon abhalten, sich überhaupt noch intensiv in neue freundschaftliche Bindungen zu begeben. Es kann

3 Vgl. dazu auch J.Moltmann, Perspektiven der Theologie. München 1968, bes. S. 13–35; E.Schillebeeckx, Christus und die Christen. Freiburg 1977, bes. S. 24–57; L.Boff, Erfahrung von Gnade. Düsseldorf 1978, bes. S. 45–100; D.Sölle, Sympathie. Stuttgart 1978.

ihn aber auch – wenn er diese Erfahrungen mit all ihren Enttäuschungen in einem unerschütterlichen Ja zur Wirklichkeit, so wie sie ist, annimmt – mit Hoffnung erfüllen, weil für ihn hier ein Versprechen vernehmbar wird, das ihn auf eine neue, schönere, ja vielleicht endgültig gelingende Gestalt der Freundschaft hinweist. Wie diese aussehen soll, läßt sich vielleicht noch in Bildern und Träumen ausmalen, aber inhaltlich kaum näher positiv beschreiben; eher in negativen Ausgrenzungen: ohne Schuld, ohne Mißtrauen, ohne Bedingungen, ohne Ende usw. Eine solche Erwartung wird in keiner Phase einer Freundschaft ganz oder endgültig erfüllt; aber da, wo einer so liebt, *als ob* es diese Erfüllung doch einmal gäbe, wo er sie einfach als möglich »unterstellt« und sich deswegen voller Vertrauen, ohne Angst und Vorbehalte in eine Beziehung hineinbindet, da erweist sich diese Freundschaft als »verheißungsvoll«, da öffnet das erfahrene »Schon« und das erhoffte »Noch-nicht« in jeder konkreten Begegnung einen Möglichkeitshorizont, der die Liebenden gleichsam ständig in Bewegung sein läßt auf eine unabschließbare Zukunft ihrer Freundschaft hin. Gerade so »offenbart« diese Beziehung den Versprechenscharakter der Liebe, ja unserer Wirklichkeit überhaupt.

2) Ein anderes Beispiel für diese Eigenart ist die *Sprache*. In ihr geht es vor allem um Verständigung, um »Kommunikation«.[4] Nun läßt sich zeigen, daß *jede* nur mögliche Verständigung vier unverzichtbare Bedingungen voraussetzt, die jeder, der überhaupt auf Verständigung aus ist, unausweichlich (wenn auch meist unbewußt) als *Erwartung* mit in das Gespräch einbringt und die wechselseitig für alle

---

4 Vgl. K. O. Apel, Sprechakttheorie und transzendentale Sprachpragmatik zur Frage ethischer Normen. In: K. O. Apel (Hrsg.), Sprachpragmatik und Philosophie. Frankfurt 1976, S. 10–173; J. Habermas, Was heißt Universalpragmatik? Ebd. S. 174–272 (bes. S. 176 ff.).

Teilnehmer gelten: nämlich daß alle Gesprächspartner sich *verständlich* für alle ausdrücken (also den sprachlich-grammatikalischen und logischen Erfordernissen gerecht werden); daß sie *wahrhaftig* sind (also das sagen, was sie denken); daß sie die *Wahrheit* sagen (also was der »Sache«, über die gesprochen wird, tatsächlich entspricht und sich in einer gemeinsamen Argumentation als konsensfähig erweist); schließlich daß sie sich *intersubjektiv* richtig verhalten (also die gesellschaftlich und individuell geprägte Situation der Gesprächspartner richtig einschätzen und sich deswegen so verhalten, daß man sich gemeinsam und miteinander verständigen kann). In dem Maße, wie diese vier grundlegenden und notwendigen Bedingungen möglicher Verständigung auch bewußt erfüllt werden, gelingt die Verständigung.

Aber gerade hierbei machen wir eine zwiespältige Erfahrung mit der Sprache. So sehr jede Kommunikation notwendig von der Erfüllung dieser vier Bedingungen abhängt, so sehr auch eine gelingende Kommunikation beglückt und die Erwartungen bestätigt, so sehr tritt immer wieder auch das Noch-nicht-Erfülltsein der Bedingungen zutage. Nur selten werden alle vier Voraussetzungen wechselseitig gleich gut und auf Dauer berücksichtigt; Verständigung bleibt oft beschränkt auf bestimmte Kreise und Gruppen, sie vermag kaum ihre sozialen Grenzen zu überschreiten; auch sprachliche, biographische und emotionale Barrieren sind oft nicht zu überwinden; subjektive und gesellschaftliche Interessen verzerren oft die Verständigung; Zeit- und Handlungsdruck beenden in der Regel vorzeitig ein Gespräch, ohne daß immer ein wirklicher Konsens aller erreicht wäre usw. Auch hier könnte man deswegen an jeder Kommunikation verzweifeln, sie ganz verweigern oder sich mit dem Machbaren bescheiden.

Umgekehrt kann aber gerade dieses Zusammenspiel von Gelingen und Begrenztheit jeder sprachlichen Verständigung ein Versprechen wecken, das auf eine »ideale Kommunikation«, ja, auf eine ungehinderte, voll und ganz gelingende »universale Kommunkationsgemeinschaft« (K. O. Apel) ausgreift. Das bedeutet: Da, wo Menschen – trotz aller Erfahrung mißlungener Verständigung – immer von neuem in Kommunikation mit anderen eintreten und damit so handeln, *als ob* alle Voraussetzungen tatsächlich erfüllt würden und eine gelingende Verständigung möglich wäre, da ist jedes konkrete Gespräch bereits »mehr« als nur eine halbwegs gelingende Verständigung; da steckt mitten in dem partiellen »Schon«-Gelingen das vorausgreifende Versprechen des »Noch-Nicht«-Gelungenen und doch vielleicht einmal endgültig Gelingenden. Denn es wird bereits eine Verständigung »unterstellt« und anfänglich vollzogen, in der grundsätzlich *alle* Verständigungswilligen und -fähigen gleichberechtigt einbezogen sind und in der bei allen die Grundvoraussetzungen der Verständigung auch entsprechend erfüllt sind. Ein solches Versprechen wird kaum jemals in unserem geschichtlichen Erfahrungsfeld voll in Erfüllung gehen; aber dennoch hält es den unentwegten Willen und Appell zu einer immer besser gelingenden Verständigung wach.

3) Als weiteres Beispiel läßt sich das *soziale* und *politische Engagement* für die Schaffung menschenwürdiger Lebensverhältnisse anführen. Auch hier kann die Erfahrung eines (zumindest teilweise) glückenden gesellschaftlichen Zusammenlebens *und* zugleich des nie vollendeten, immer nur bruchstückhaften und oft ganz scheiternden Herstellens solcher gerechter Zustände das »Versprechen« entdecken helfen, das in diesem Wirklichkeitsbereich liegt. Zwar wirkt nirgendwo stärker als hier die Versuchung zur Resignation (»Da kann man doch nichts machen«) oder zur fanatischen Verzweiflung (»Wir müssen es mit allen Mitteln erreichen«). Aber die umgekehrte Erfahrung läßt sich auch nicht leugnen. In dem Maße, als jemand in unzerstörbarem Vertrauen und allen Enttäuschungen zum Trotz mit den seinen Zielen angemessenen Mitteln sich

z. B. für Gerechtigkeit, Frieden und Bewahrung der Schöpfung, für Abrüstung, für eine gerechte Wirtschaftsordnung zwischen Nord und Süd, für eine menschenwürdige Umwelt, für das Leben der ungeborenen Kinder, für die soziale Würde der Behinderten usw. einsetzt, da greift er immer schon voraus auf eine endgültige, ideale Einlösung seiner Erwartungen; da handelt er so, *als ob* dieses »Noch-Nicht« dennoch real möglich wäre. Und er wird gerade in der Kraft dieses verheißungsvollen »Noch-Nicht« fähig, immer neu zu »hoffen gegen alle Hoffnung« und verändernd in den Lauf der Dinge einzugreifen. Auch wenn die vollendete »menschenwürdige Gesellschaft« immer weiter in utopische Fernen zu entschwinden droht, entlarvt dies den Einsatz für sie doch nicht notwendig als sinnlos oder unrealistisch. Die kleinen Zeichen gelingender Gerechtigkeit und Menschenwürde halten das Versprechen einer Zukunft offen, in der das erhoffte »Noch-Nicht« dennoch in Erfüllung gehen kann.

4) Als letztes Beispiel möchte ich auf das gleichsam »naturhafte« Versprechen hinweisen, das jedes *Kind* in sich trägt. Das einfache Dasein, das stets neue Geborenwerden und Aufwachsen von Kindern ist zweifellos eine der tiefsten »Hoffnungsressourcen« der Menschen (was sich besonders bei den kinderreichen und -liebenden Völkern der Dritten Welt beobachten läßt).

Entzündet sich doch gerade an ihnen – oft mitten im ausweglosen Elend – immer von neuem die Hoffnung, daß es mit dem menschlichen Zusammenleben einmal »aufwärts«-gehen und es einer besseren, menschlicheren Zukunft entgegengehen könnte (vgl. die alten Sagen und Mythen der Völker, in denen das »neue Zeitalter« oft mit der Geburt eines Gotteskindes oder Königssohnes verbunden wird, bis hin zu den Weissagungen des Propheten Jesaja!). »Wenn man von einem Kinde redet, spricht man niemals den Gegenstand, sondern immer nur seine Hoffnungen aus« (J. W. v. Goethe). Gemeint ist jene Hoffnung, daß ein-

mal eine Zeit anbricht, in der weniger Schuld an den Händen der Menschen kleben wird, in der mehr Freundlichkeit, mehr spielerische Liebenswürdigkeit, mehr einfache
Herzlichkeit das Zusammenleben bestimmen werden.
Und trotz aller Enttäuschungen (die meisten Kinder werden halt doch mit der Zeit ihren Vorfahren immer ähn-
licher...) ist diese Hoffnung noch nicht versiegt. Denn
auch hier antwortet sie auf ein Versprechen, das die Schöpfung unaustilgbar mit sich bringt: Im anfänglichen Gelingen wahren Menschseins beim Kind steckt die Verheißung
des »noch nicht« Gelungenen, aber doch als möglich Er-
warteten. Und jedes Aufziehen und Erziehen von Kindern
nährt sich zutiefst aus der Kraft dieses Ausgreifens in eine
ideale menschliche Zukunft, deren Realität das Kind bereits wie ein »Gleichnis« vorwegnimmt.
Ähnliche Beispiele lassen sich in allen Bereichen unserer
Wirklichkeit finden. Immer ist es das gleiche Grundmu-
ster: Menschen nehmen die anfängliche Erfüllung
(»schon«) ihrer Hoffnungen und zugleich die Endlichkeit
(»noch nicht«) in aller Erfüllung so an, daß sie dadurch zu
immer neuer Hoffnung befreit werden und diese Hoffnung
auch in immer neue Taten der »Sympathie« zur konkreten
Wirklichkeit umsetzen. Sie sind also voller Vertrauen
ständig »unterwegs« zu den »noch nicht« ausgeschöpften,
wirklich heilenden und befreienden Möglichkeiten der
Schöpfung. Sie identifizieren diese Möglichkeiten auch
nicht irgendwann einfach mit einem erreichten Zustand
und schließen so den offenen Möglichkeitshorizont eigenmächtig ab. Nein, in ihrem Handeln gibt sich ihnen die
Wirklichkeit als ein großes, nie endendes Versprechen zu
erkennen. Ein Versprechen, das von ihr selbst und unserem Handeln mit ihr zwar nie restlos erfüllt werden kann;
das aber dennoch die ungebrochene Hoffnung zur Aus-
schau einlädt nach einer endgültigen Erfüllung, auf die hin
sie sich ausstreckt und die ihr – wenn überhaupt – von
»anderswoher« zuteil werden mag.

Diesen Charakter des Versprechens projiziert nun nicht einfach ein »hoffnungsgeladener« Selbsterhaltungstrieb einiger Menschen in unsere »an sich« harte und versprechenslose Wirklichkeit hinein. Nein, die menschliche Hoffnung *und* das Versprechen von seiten unserer Wirklichkeit her bedingen sich gegenseitig. Eine anfängliche »Sympathie«, also eine verstehende und des Mit-leidens fähige Haltung gegenüber allem Wirklichen bewährt sich in der Begegnung mit ihm dadurch, daß sie darin Dimensionen aufdeckt, die mehr über diese Wirklichkeit aussagen, als ein distanziertes Fakten-Feststellen erkennen kann: nämlich den in eine offene, unabschließbare Zukunft verweisenden Möglichkeitshorizont aller Wirklichkeit, den wir ihr »Versprechen« nennen. Diese Wahrnehmung kann nun ihrerseits beim Menschen die Grundeinstellung einer Hoffnung wachsen lassen, die sich in immer neuer und tieferer Sympathie auf die Schöpfung einläßt und sie so immer deutlicher ihr Versprechen aussprechen läßt.

Wo und wie auch immer nun dieses Versprechen wahrgenommen wird, liegt ein berechtigter *Ansatzpunkt* vor, um ein außerchristliches Sprechen von Gott und zu Gott (z.B. in einigen Religionen) oder auch eine außerchristliche und nichtreligiöse Lebenspraxis (z.B. aufgrund bestimmter humanistischer Weltanschauungen) dennoch als dem christlichen Glauben vergleichbares Verhältnis zu Gott bezeichnen zu können, ohne daß dabei die großen Unterschiede vernachlässigt werden (siehe Abschnitt 2 und 3 dieses Kapitels). Denn hier wird ein wichtiges Moment der Grundhaltung Israels und der Kirche gegenüber der Schöpfung und der Geschichte erneuert, die sich dort im Glauben an den persönlich »dabeiseienden«, ja, in Jesus Christus menschgewordenen Gott vollendet. Diese Grundhaltung der unzerstörbaren Sympathie und der nicht zu stillenden Hoffnung mag sich in anderen Religionen mit den unterschiedlichsten Gottes-Namen und Verehrungsweisen verbinden. Freilich darf sie sich nicht in solche abwegige Verirrungen verlieren, die diese Grundhaltung in Frage stellen oder gar aufheben können, wie z.B. in manchen Richtungen des Islam die Theorie und Praxis des Heiligen Krieges oder die praktizierte Unterdrückung der Frau u.ä. Ja, diese Grundhaltung mag in einer äußerlich »rein humanistischen« Lebensweise ganz ohne den Namen Gottes auskommen und sogar die christliche Gottesvorstellung ablehnen – entscheidend bleibt für eine *grundlegende Gemeinsamkeit* mit dem christlichen Glauben, daß sich bei der genannten Grundhaltung Menschen in der (unausdrücklichen) Mitte ihrer ganzen Lebenspraxis – suchend, hoffend, tastend – auf denselben Gott ausrichten, den Israel und die Kirche in ihrem Glauben ausdrücklich als den *Grund* dieses Versprechenscharakters der Wirklichkeit und als das *Ziel* aller erhofften Erfüllung bekennen.[5]

Insofern kann auch eine solche Beziehung zu Gott bereits heilbringend und rettend sein (vgl. die genannten Konzilstexte); geht sie doch auf ihre Weise jenen Glaubensweg nach, den auch Israel auf seine Weise vorangegangen und auf dem es Jahwe begegnet ist, der sich schließlich auf dem Höhepunkt dieses Weges als Gott und Vater Jesu Christi kundgetan hat.

5 Diese Aussage setzt die von Jesus selbst getroffene Unterscheidung zwischen dem ausdrücklichen Bekenntnis und dem Handeln nach dem Willen Gottes voraus und übernimmt dabei die von ihm bevorzugte Gewichtung des Handelns: »Nicht jeder, der zu mir sagt: Herr! Herr!, wird in das Himmelreich kommen, sondern nur, wer den Willen meines Vaters im Himmel erfüllt« (Mt 7,21). Oder: »Herr, wann haben wir dich hungrig gesehen und dir zu essen gegeben, oder durstig und dir zu trinken gegeben?... Darauf wird der König ihnen antworten: Amen, ich sage euch: Was ihr für einen meiner geringsten Brüder getan habt, das habt ihr mir getan« (Mt 25,37ff.). Dazu gleich ausführlich Abschnitt 3!

c. Aber das Unheil in der Welt?

Bevor wir auf die zweite Frage dieses Kapitels und damit auf das Unterscheidende des christlichen Glaubens eingehen, müssen wir uns einem Einwand stellen, den viele in diesem Zusammenhang machen werden: Wird hier nicht eine viel zu optimistische Sicht unserer Wirklichkeit vorausgesetzt? Natürlich kann eine »heile Welt« leicht auf einen gütigen Gott verweisen; aber ist unsere Welt denn so »heil«, daß sie dieses Versprechen auf letztes und umfassendes Heil-Sein in sich trägt? Wird sie nicht zu allen Zeiten viel stärker geprägt und verwundet durch die unzähligen Spielarten des Bösen, also der Ungerechtigkeit und des Hasses, der Gewalttätigkeit und des Unfriedens? Werden die zaghaften Zeichen ihres Gut-Seins nicht durch die übermäßige Erfahrung des Unheils in unserer Wirklichkeit, etwa in Krankheit und Einsamkeit, in Verzweiflung und Tod, ja, in den unzähligen Formen eines unglücklichen Geschicks immer wieder vernichtet? Wie können wir angesichts dieser oft übermächtigen Konfrontation mit dem Leid und mit dem Bösen noch an einen gütig-dabeiseienden Gott glauben, »der alles so herrlich regieret«?[6]

Diese Fragen bedrängen den christlichen Glauben und alle Religionen viel stärker als die rationalen Zweifel an seiner Wahrheit und Vernünftigkeit. Denn hier reicht das existentielle Betroffensein von dem selbst erlittenen Wider-

---

6 Dazu auch: G. Greshake, Der Preis der Liebe. Freiburg 1978;
J. Moltmann, Der gekreuzigte Gott. München [2]1973, S. 184–267;
E. Schillebeeckx, Christus und die Christen. Freiburg 1977,
S. 627–712; B. Welte, Über das Böse (Quaest. disp. 6). Freiburg
1959; L. Oeing-Hanhoff / W. Kasper, Negativität und Böses.
In: Fr. Böckle / Fr. X. Kaufmann / K. Rahner / B. Welte (Hrsg.),
Christlicher Glaube in moderner Gesellschaft 9. Freiburg 1981, S.
147–201; H. Jonas, Der Gottesbegriff nach Auschwitz, Suhrkamp-Taschenbuch 1516, 1987; W. Groß / K.-J. Kuschel, »Ich
schaffe Finsternis und Unheil!« Mainz [2]1994.

spruch zwischen dem Glauben und unserer Realität in eine Tiefe hinein, die das verstandesmäßige Verstehen und Erklären weit übertrifft. Romano Guardini hat recht, wenn er sagt:» *Diese* Fragen können nicht gelöst, sondern nur gelebt werden.« Man kann noch so viele theoretische Antworten der Philosophen und Theologen, der Religionen und Weltanschauungen zitieren – sie alle können den im eigenen Fleisch und in der eigenen Seele erlebten Widerspruch nicht aus der Welt schaffen oder wenigstens in eine harmonisch-befriedigende Welt-Formel einbauen.

aa. Der Vorrang des Positiven

Der Hauptgrund dafür, daß dieser Widerspruch nicht theoretisch gelöst werden kann, liegt darin, daß das Böse und auch das Leiden nicht denselben Wirklichkeitsgrad haben wie das Gute und die Freude. Sie sind zwar ganz reale und oft brutale Gegebenheiten unserer Welt, aber sie stehen dennoch in ihrem Wesen, in ihrer inneren »Sinnqualität« nicht einfach auf der gleichen Stufe wie ihr Gegenteil. Denn das »Gut-Sein« ist das mit der Schöpfung gegebene grundlegende Merkmal *jeder* Wirklichkeit; es ist (wenn auch in noch so geringen Ausmaßen) mit *jedem* Dasein (eines Dinges, einer Sache, einer Blume, eines Tieres, eines Menschen, einer Situation usw.) immer schon mitgegeben, *insofern* dieses Dasein sich vom Nicht-Sein abhebt und als Dasein vom Schöpfer unbedingt bejaht ist (vgl. Gen 1!). Das macht die grundlegende »Positivität«, gleichsam das seinsmäßige Gut-Sein jeder Wirklichkeit aus. Alles Negative an ihr ist demgegenüber etwas, das dieses Positive voraussetzt und zugleich verneint, es mit dem Vorzeichen des »nicht-« bzw. des »un-« versieht (z.B. Un-gerechtigkeit, Un-Glück, Un-sinn, Un-heil usw.). Deswegen trägt es auch immer den Charakter des »*Nicht*-sein-Sollens«, des Zu-Überwindenden an sich. Sinn und Unsinn, Glück und Unglück, Heil und Unheil sind also nicht gleichrangige Alternativen unserer Wirklichkeit; das

Negative hat keinen eigenständigen Sinn in sich, sondern tritt immer »nur« als aus der Verneinung hervorgegangener Verlust am Guten auf.

Ein Beispiel macht dies deutlich: Was Frieden bedeutet, können wir nicht einfach mit dem Fehlen des Gegenteils (also »Nicht-Krieg«) beschreiben; der positive Wirklichkeitsgehalt des Friedens, sein »Wesen« ist weit mehr als das Aufheben seines Gegenteils. Umgekehrt läßt sich jedoch der Krieg durchaus zutreffend und erschöpfend als pure Verneinung seines positiven Gegenteils beschreiben: als Un-friede, als Un-gerechtigkeit, als Un-versöhnlichkeit, als Un-ordnung usw.; er trägt über diese Verneinung hinaus keinen Überschuß an eigenem Wirklichkeitsgehalt in sich. Das hindert aber nicht daran, daß eine solche Verneinung oft eine ganz schreckliche, die individuellen menschlichen Vorstellungen und Willenskräfte überwältigende Macht ausübt (z. B. in den vielen Konzentrationslagern unseres Jahrhunderts oder in der zerstörerischen Gewalt der Massenvernichtungswaffen). Jede Verneinung kann zu einem zerstörerischen System werden, das sich verselbständigt, ohne jedoch die »seinsmäßige« Abhängigkeit von dem vorausgesetzten und durch es zerstörten Guten aufzuheben.

Von daher weckt auch das Negative immer neu die Sehnsucht und den Willen der Menschen, es zu verändern und ins Positive umzuwandeln. Dieses grundsätzliche Nein zum Negativen hat seinen Grund in einem vorausliegenden, dem Schöpfungswort Gottes zustimmenden Ja zum Positiven des Daseins und damit auch zu dem Zustand, wie es eigentlich sein soll. Weil wir Menschen einfach schon dadurch, daß wir *sind*, die Positivität des Daseins, also sein unbedingtes »Mehr« und »Voraus« gegenüber allem Nicht-Sein erfahren, darum tragen wir einen ganz ursprünglichen Widerspruch gegen alles Nicht-Sein, gegen alle Verneinung und allen Mangel an Sein in uns (was z. B. sehr naturwüchsig in der Abwehr gegenüber Schmerzen und in der vitalen Furcht vor dem Sterben und all seinen Vorformen zum Ausdruck kommt).

Natürlich gibt es auch genügend Beispiele, wo dieses ursprüngliche Ja zum Dasein – manchmal schon von Kindheit an – zerstört wird: durch fehlende Liebe, durch ausweglose Situationen, durch gesellschaftliche Mißstände. Dadurch kann sich die positive Grundeinstellung zum Dasein umkehren in ein Nein, das sich in Gleichgültigkeit oder in Verzweiflung, in Resignation oder auch im Willen zur Zerstörung des (fremden oder eigenen Daseins) äußern kann. Aber gerade diese Umkehr vom Ja zum Nein wird – so verständlich sie oft auch ist – dennoch nicht als genauso gut und sinnvoll bewertet wie ein grundsätzliches Ja zum Dasein, das sich eben in »Sympathie« zu allem Wirklichen und seinem »Gut-Sein« äußert. Eher gilt ein solches Nein doch als Ausdruck des beschädigten Lebens, dem viele Wege zum Guten verbaut worden sind und das in sich den Appell an die anderen trägt, solcher Beschädigung entschieden zu wehren. Wenn dem nicht so wäre, wenn also dem Positiven (und damit dem Ja) nicht schon »seinsmäßig« ein qualitativer Vorrang vor allem Negativen (und damit dem Nein) zukäme, gäbe es letztlich keinen ausschlaggebenden Grund mehr, warum wir dann im »ethischen« Bereich dem guten Handeln unbedingt den Vorzug vor dem bösen Handeln geben sollen (und nicht nur auf unseren Vorteil bedacht sein sollen); warum wir also z. B. das Frieden-Stiften als das Sein-Sollende fördern und die Kriegstreiberei als das Nicht-sein-Sollende ablehnen.

Weil nun alles Böse und jedes Leid unter diesen Vorzeichen des *Nicht*-Seins und des *Nicht*-sein-Sollens stehen, sind sie auch theoretisch-begrifflich so schwierig zu erklären, mögen sie in der praktischen Erfahrung noch so hart und eindeutig erlebt werden. Denn über das, was kein eigenes Dasein »in sich« hat, sondern mehr vom Nicht-Sein her geprägt ist, kann die menschliche Vernunft naturge-

mäß wenig aussagen, da sie sich primär auf das »Vernehm-
bare«, also das gegebene Dasein und seinen Sinngehalt,
sein »Wesen« richtet. Dasselbe gilt auch für die glaubende
Vernunft; auch sie kann das Böse und den Schmerz nicht
in ein allseits stimmiges theologisches System integrieren,
weil sie sich eben auf unsere gegebene Wirklichkeit als
Schöpfung eines guten Schöpfergottes und auf das Heil
einer von ihm versöhnten neuen Schöpfung richtet. Das
»Nicht-Sein« dieser Schöpfung (als »Noch-nicht«- oder
als »Nicht-mehr-Sein«) ist vorstellungsmäßig und begriff-
lich nicht zu fassen. Dementsprechend lassen sich auch alle
Abschattungen dieses Nicht-Seins innerhalb der Schöpfung (sei es der Sünde oder des Leids oder des Todes) theo-
logisch sehr schwer verstehen. Das heißt jedoch nicht, daß
die Theologie nun den Glaubenden mit diesen Fragen allein
läßt und sie nur der individuellen praktischen Lebensbe-
wältigung überläßt. Sie kann ihm durchaus Perspektiven
aufzeigen, die ihm helfen, diese Probleme im christlichen
Glauben zu durchdenken, sie mit seinem Vertrauen auf
Gott zu vereinbaren und sie in seinem Leben zu bestehen.

bb. Begriffliche Klärung

Zunächst müssen wir eine Unterscheidung genauer erklären, die wir bereits laufend vornehmen: nämlich die zwischen dem eigentlich Bösen auf der einen Seite und den
nicht vom Menschen verursachten Übeln auf der anderen
Seite. Das eine entspringt der menschlichen Freiheit und
beruht (innerhalb der situationsbedingten Grenzen unserer Freiheit) auf dem verantwortlichen Handeln der Menschen. Dazu gehören also z.B. Ungerechtigkeit, Haß,
Neid, Verleumdung, Krieg, Gewalttätigkeit usw. Ge-
wöhnlich spricht man in diesen Fällen vom *»sittlich Bösen«* (lat. »malum morale«), weil hier das Negative im Bereich des bewußten sittlichen Handelns angesiedelt ist.
Davon zu unterscheiden sind all jene Phänomene, deren
Ursprung außerhalb dieses Bereiches liegt, also gleichsam

in der naturgegebenen Wirklichkeit des Menschen und seiner Welt, und die wir Menschen – zusammen mit der ganzen belebten Schöpfung – als schmerzlich erleben. Also z. B. leibliche und seelische Krankheit, Tod, Mangel an Lebensnotwendigkeiten, Naturkatastrophen und die vielfältigsten Unglücksfälle, auch die durch keine Gesellschaft und keine Freundschaft aufhebbare Einsamkeit jedes Menschen usw. Dies wird in der Regel als *»naturbedingtes Übel«* (lat. »malum physicum«) bezeichnet.

Beides, das Böse und das Übel, verursacht Leid; beides gehört zur täglichen Realität jedes Menschen, wobei die Unterschiede natürlich nicht so eindeutig zu ziehen sind. Wie viele geschichtliche und gesellschaftliche Bedingungen mischen sich nicht unter das, was uns oft einfach nur »naturbedingt« erscheint (z. B. in vielen Krankheiten)! Beides kann zweifellos dort, wo es gut aufgearbeitet und bewältigt wird, den Menschen zu einer tieferen und reiferen Menschlichkeit hinführen; dennoch stellt beides immer von neuem bohrende Fragen an unseren Glauben an einen guten Gott und an seine »verheißungsvolle« Schöpfung. Müssen diese Fragen und die ihnen zugrundeliegenden Erfahrungen wirklich der »Fels des Atheismus« (G. Büchner) sein, oder finden sie im Glauben eine Antwort, die sie nicht auflöst, die sie aber menschenwürdig ertragen läßt? Wenn dem so ist, könnte sich gerade das Problem des Bösen als Testfall für die »Weite« des Glaubens erweisen, der eben in *allen* Situationen sein befreiendes Wort zu Gehör bringen will.

cc. Die Freiheit zum Bösen

Für das sittlich Böse wird der Mensch selbst in seiner Freiheit verantwortlich gemacht; und zwar nicht nur als einzelner für bestimmte böse Taten, sondern auch in seinem Verstricktsein in die gemeinsame Schuldgeschichte einer Gruppe, einer Familie, eines Volkes, ja der ganzen Menschheit. Wer z. B. in eine brutal-gewalttätige Umwelt hineingeboren oder -gestellt wird, wird in den meisten Fällen dieses Milieu, diese Mentalität sich zu eigen machen und sie weiter mittragen. Wenn dadurch auch die Verantwortung der einzelnen relativiert und in ihre geschichtlichen Umstände eingebettet wird (es gibt eben keine situationslose »reine« Freiheit), so wird dennoch keineswegs die grundsätzliche (im Einzelfall allerdings schwer zu beurteilende) Verantwortung konkreter Menschen für das individuelle und soziale Böse geleugnet.

Aber ist diese Freiheit – zum Guten wie zum Bösen – nicht ein Geschenk des guten Schöpfergottes? Wird dadurch also letztlich Gott selbst »verantwortlich« für das Böse in der Welt? Sicher nicht. Denn wenn auch Gott der tragende Grund aller geschöpflichen Wirklichkeit ist, also auch unserer menschlichen Freiheit, so ist die *Entscheidung* dieser Freiheit zum Bösen doch nicht sein Werk, sondern ganz allein der Menschen selbst. Sie benutzen dieses Geschenk der Freiheit eben nicht in dem schöpfungsgemäßen Sinn, die in allem »dabeiseiende« Güte Gottes wahr- und aufzunehmen, um sie bewußt zum Lebensprinzip menschlichen Zusammenlebens zu machen, sondern verweigern sich ihr, um statt dessen dem eigenen Macht- und Selbstbehauptungswillen Raum zu schaffen, der sich eben nicht restlos Gott verdanken will.

Dies Sich-Verschließen gegenüber der Liebe Gottes und damit auch gegenüber dem Gutsein der Dinge unserer Welt, dieses Nein zur Dankbarkeit und zur »sympathischen« Begegnung mit der Schöpfung liegt auf dem Grund jeder Entscheidung zum Bösen und macht das Wesen der Sünde aus. In letzter Konsequenz führt sie zur Selbstzerstörung des Menschen und seiner Welt, weil dadurch die Bestimmung der Schöpfung, für alle Geschöpfe der »Spielraum« der Liebe Gottes zu sein, mißachtet wird (wovon unsere Gegenwart deutlich genug zeugt). Insofern ist dieser Wille zum Bösen die Ursache unsäglich vielen Leids innerhalb der Schöpfung.

Aber wie kommt es denn überhaupt zu diesem Nein, wenn unsere Freiheit von Gott doch ursprünglich auf das Ja hin angelegt ist? Der ermöglichende Grund dafür liegt in der *Endlichkeit* der menschlichen Freiheit. Weil wir in unserem (persönlichen und gesamtmenschlichen) Dasein nicht die Fülle der Wirklichkeit und allen Gutseins in uns tragen, sondern nur einen sehr begrenzten Ausschnitt davon darstellen, darum ist mit dieser Begrenzung immer auch schon die *Möglichkeit* gegeben, sich auf diesen begrenzten Ausschnitt zu versteifen und sich gegenüber dem Gesamt der Wirklichkeit und ihrem tragenden Grund zu verschließen; aber auch die andere Möglichkeit, mit der Endlichkeit nicht einverstanden zu sein, sondern mehr; ja, sogar alles (»wie Gott«) sein zu wollen. Die *endliche* Freiheit, die zugleich auf *unendliches* Heil von Gott her ausgerichtet ist, trägt damit »strukturmäßig« bereits die mögliche Alternative in sich, zu sich selbst *als* endlichem Geschöpf (und damit auch zu ihrem Schöpfer und seiner ganzen Schöpfung) ja oder nein zu sagen. Der »Versprechens-Charakter« der Schöpfung, der den Menschen auf Gott hin verweist (s. o.), kann ihm zugleich auch zur Versuchung werden: nämlich entweder die endliche Schöpfung zu vergötzen (d. h. sie mit Gott zu verwechseln) oder ihre Endlichkeit zu verneinen und damit alle schöpfungsgemäßen Maße zu sprengen (vgl. die verschiedenen Sündenfallgeschichten in Gen 3-11!). *Daß* die Menschen *tatsächlich* vom Anfang ihrer Geschichte an dieser Versuchung erlegen sind, ist eine Erfahrung, die in allen Religionen und Mythen erzählt, jedoch nicht weiter theoretisch begründet werden kann. Denn die konkreten Entscheidungen der Freiheit sind – auch bei allen möglichen Einflüssen von außen – nicht mehr von anderswoher einfach abzuleiten; sie tragen den Grund für ihr »So-und-nicht-anders-Handeln« in sich selbst.
Hätte Gott dann aber nicht auch eine menschlich-endliche Freiheit schaffen können, die nicht diese Möglichkeit zum

Nein beinhaltet? Oder könnte er nicht, da er doch das Wohl der Menschen will, dieses Nein in seiner dabeiseienden Güte verhindern? Denn wenn wir die verheerenden Folgen menschlicher Schuld im Laufe der ganzen Geschichte und gerade auch in unserer Gegenwart anschauen, drängt sich unwillkürlich die Frage auf: Warum gibt es überhaupt eine solche endliche Freiheit, die zu so furchtbaren Taten fähig ist? Nun, endliche Freiheit *ohne* die Möglichkeit zum Nein ist ein Widerspruch in sich; denn dann wäre sie entweder *un*-endliche Freiheit, die rein aus sich verströmender Güte besteht (d.h. Gott selbst), oder sie wäre keine endliche *Freiheit*, weil sie eben von vornherein festgelegt wäre. Genau das aber widerspricht der schöpferischen Liebe Gottes, die endliche Freiheit neben sich »freisetzt«, damit diese sich frei und nicht vorherbestimmt für ihn und für die Sympathie als »Ordnungsprinzip« der Schöpfung entscheiden kann (vgl. Kap. 3). Dieses wirklich freie Ja der Menschen ist offensichtlich so viel wert, daß dafür alle negativen Möglichkeiten und alles daraus folgende Leid in Kauf genommen werden sollen (gleichsam als »Preis der Liebe« – G. Greshake).

Genau dies aber fällt uns so schwer einzusehen: Ist dieser Preis nicht viel zu hoch? Lohnt sich die Gabe endlicher Freiheit angesichts ihres schrecklichen Mißbrauchs denn wirklich? Wäre *keine* endliche Freiheit nicht doch besser als *diese* immer mehr zur Bedrohung der ganzen Erde werdende Freiheit? Auf diese Frage kann es keine argumentative Antwort mehr geben: Wir stehen letztlich vor der Gegebenheit dieser Freiheit und können nur darauf vertrauen, daß all das Gute, das sie tut, das Negative einmal endgültig aufwiegt. Dieses Vertrauen gründet sich auf Jesus Christus: Weil es *diesen* Menschen und die alles heilende Güte seiner Freiheit gibt, weil sich auch immer wieder Menschen von seiner Güte anstecken lassen und in ihrer Kraft »das Angesicht der Erde erneuern«, darum brauchen wir am Menschen grundsätzlich nicht zu verzweifeln; darum dürfen wir begründet hoffen, daß die Zukunft unserer Erde nicht im Negativen eines endgültigen Nichts liegt, sondern in der versöhnten Schöpfung des Reiches Gottes. Vielleicht besteht gerade darin auch unser »Himmel«: daß uns einmal aufgeht, wie unendlich weit das Positive unseres liebenden Tuns im Ja zur Liebe Gottes alles Negative des Bösen übersteigt. Dieser »Himmel« braucht keineswegs erst nach unserem Tod zu beginnen. Wer versucht, in all seiner Schwäche und Hilflosigkeit Jesus nachzufolgen und seinen Weg der Liebe Gottes bis zum Kreuz mitzugehen, der kann darin die Stärke dieser Liebe erfahren: wie sie das Böse überwindet und es im tiefsten als »nichtig« entlarvt (Kap. 3,2c).

dd. Die Leiden der Schöpfung

Nicht nur das menschlich Böse verursacht Leid und Elend, sondern auch jene »naturbedingten Übel«, die weithin unvermeidlich zum Dasein in dieser Welt gehören (s.o.). Mag die fortschreitende menschliche Erkenntnis diesen Bereich auch immer mehr einschränken (z.B. in der Medizin oder in allen Formen der Naturbeherrschung), ganz aus der Welt zu schaffen werden die Leiden der Schöpfung durch uns wohl nie sein. Aber wie verträgt sich dann eine solche leidvolle Wirklichkeit mit unserem Glauben an einen guten und alles in seiner Güte tragenden Gott? Auch hier liegt der Grund für die *Möglichkeit* des naturbedingten Übels in der Endlichkeit unserer Welt. Alles Endliche kann sich, da es ja nichts Vollkommenes ist, immer wieder verändern; es kann entstehen und vergehen, geboren werden und sterben; es kann sich so oder so verwirklichen. Und zu der Vielzahl an solchen Möglichkeiten gehören sowohl jene, die von den belebten Wesen der Schöpfung als wohltuend, wie auch jene, die von ihnen als schmerzlich erfahren werden. Eine endliche Schöpfung, die zugleich völlig leid- und schmerzfrei sein soll, ist außerhalb ihres Vollendungszustandes im Reich Gottes nicht vorstellbar. Auch die Rede vom »Paradies« ist ja nicht als eine historische Aussage über einen realen Anfangszustand unserer Welt zu verstehen, in dem es überhaupt kein Leid, keinen Tod, keine Katastrophen gegeben haben soll. Der theologische Sinn des Paradiessymbols liegt vielmehr darin, daß hier die endzeitliche Vollendung der Schöpfung bereits in ihrer ursprünglichen Bestimmung vorausgebildet erscheint: Reich Gottes als Heimkehr der Welt zu ihrem heilen, einzig und allein der Liebe Gottes entsprungenen Ursprung. »Die ganze Schöpfung wartet sehnsüchtig auf das Offenbarwerden der Kinder Gottes. Die Schöpfung ist der Vergänglichkeit unterworfen, nicht aus eigenem Willen, sondern durch den, der sie unterworfen hat; aber zugleich gab er ihr Hoffnung: auch die Schöpfung soll von der Sklaverei und Verlorenheit befreit werden zur Freiheit und Herrlichkeit der Kinder Gottes« (Röm 8,19–21).

Aber kann uns diese Hoffnung auf die Vollendung wirklich voll und ganz versöhnen mit dem Leid der Gegenwart? Haftet ihr nicht der Geruch einer Vertröstung an? Denn warum soll um eines seligen Endes willen diese weithin so unselige Geschichte und Gegenwart unserer Welt in Kauf genommen werden? Warum dann überhaupt eine solche Schöpfung? Ist die menschliche Liebe als höchste Antwort der Schöpfung an ihren Schöpfer denn wirklich so viel wert, daß sie das alles mit in Kauf nimmt?

Wir stehen hier wieder vor den gleichen unbeantwortbaren Fragen wie im vorigen Abschnitt. Einerseits ist uns diese Welt mit ihren positiven und negativen, mit ihren Freude und Leid erzeugenden Möglichkeiten faktisch vorgegeben. Auf der anderen Seite jedoch haben wir weder einen Einblick in die schöpferische Liebe Gottes und die Gründe ihres Handelns, noch ist uns der *positive* Wert unserer menschlichen Freiheit und Liebe bereits voll erschlossen. Deswegen ist es auch durchaus verständlich, wenn Menschen angesichts des Übermaßes an erfahrenem

Leid auf das Sprechen von einem guten Gott und seiner Schöpfung endültig verzichten. Und doch ist diese Konsequenz nicht zwingend; denn auch wenn der Glaube keine befriedigende Theorie zur Lösung dieser Fragen bieten kann, so sieht er doch einen Weg, sie in seiner Lebenspraxis so zu bewältigen, daß daraus die Chance erwächst, unsere Welt zu verwandeln in Richtung auf das Reich Gottes und damit auf das endgültige Eingeborgensein allen Leids in jener Liebe Gottes hin, die »alle Tränen von ihren Augen abwischen« wird (Offb 21,4). Es ist der Weg Jesu Christi, der angesichts des ihm im Verbrechertod der Kreuzigung widerfahrenen Unrechts und Leids dennoch ganz und gar auf die dabeiseiende Güte Gottes vertraute; ja, der die Liebe Gottes hineintrug in diese Situation tödlicher Verlorenheit und Verlassenheit, um darin für alle Leidenden dieser Erde die leidüberwindende Kraft der Liebe Gottes anwesend sein zu lassen. Der Gekreuzigte ist für uns die menschliche Gestalt des mit-leidenden Gottes geworden; in ihm nimmt Gott selbst auf menschliche Weise an den Leiden der Schöpfung teil, um sie *so* auszutragen und heimzuholen in das geheilte Leben der Auferstehung. Weil es diesen Menschen Jesus von Nazaret gibt und weil in ihm sich Gott als die mit dem Leid der Schöpfung solidarische Liebe erwiesen hat, darum braucht der Glaubende angesichts der Wirklichkeit unserer Erde nicht Abschied zu nehmen von seinem Vertrauen auf den guten Schöpfergott (s. 3. Kap. 2 c).

Nun zu der zweiten Hauptfrage dieses Kapitels: Wo liegt der entscheidende Unterschied zwischen christlichem und außerchristlichem Glauben?

2. Das unterscheidend Christliche

Setzen wir bei der Beantwortung dieser Frage wieder bei
dem »Modellfall« Israel an: Für den christlichen Glauben
gehört der Glaube Israels unablösbar zu seiner eigenen Geschichte. Denn wir glauben mit Abraham und dem Volk
Israel an denselben Jahwe, den Jesus seinen und unseren
»Vater« genannt und auf den er sein ganzes Vertrauen gesetzt hat. Auch für uns ist er der »Dabei-seiende«, dem die
Wirklichkeit im ganzen erst ihren Charakter als ein »Versprechen« *verdankt* und von dem wir auch seine endgültige
Einlösung erhoffen. In diesem ausdrücklichen Bekenntnis
der *Dankbarkeit* zu Gott liegt die Kontinuität des Christentums zu der Glaubensgeschichte Israels; zugleich
markiert dies die Grenze beider Glaubensweisen sowohl
zu vielen anderen Formen religiöser Gottesverehrung (für
die z. B. dieser letzte Grund des »Versprechens« nicht eine
personale, in Liebe »dabeiseiende« Macht bedeutet) wie
auch zu all jenen »humanistischen« Grundeinstellungen,
die zu keiner Anerkenntnis Gottes hinfinden.
Der entscheidende Unterschied jedoch zwischen dem
christlichen Glauben und *allen* anderen möglichen Glau-
benswegen, auch dem des Volkes Israel, hängt an der Person Jesu[7]; d.h. wir glauben zwar (mit Israel und anderen)
an denselben Gott, aber auf eine qualitativ neue und andere Weise. Denn aufgrund der Begegnung mit Jesus Christus glauben wir an diesen Gott in der Teilhabe an der *Zuversicht* Jesu, die das Einlösen aller Versprechen unserer
Wirklichkeit eben in dieser Person und Geschichte Jesu
bereits erfahren hat und die nun auf die »unaufhaltsame«
Teilhabe aller (dazu bereiten) Wirklichkeit an dieser Ein-

---

7 Vgl. H. U. v. Balthasar, Warum ich noch ein Christ bin. In:
H. U. v. Balthasar / J. Ratzinger, Zwei Plädoyers. München 1971,
S. 9–53; H. U. v. Balthasar, Theologie der Geschichte. Neue Fas-
sung. Einsiedeln ³1959.

lösung hofft. Das bedeutet: Weil Gott selbst in diesem Menschen mitten in unserer Geschichte gegenwärtig ist, weil in ihn, den vorbehaltlos auf Gott Vertrauenden, die ganze Liebe des »dabeiseienden« Grundes aller Dinge gleichsam wie in ein unbegrenzt offenes Gefäß »hinein-strömen« und sich an uns weiterverschenken kann, darum ist diese Gestalt nicht mehr nur wie alle sonstige erfahrbare Wirklichkeit ein Versprechen, das auf anderes, Größeres hinweist, sondern bereits die endgültig geglückte und un-überbietbare Erfüllung aller Versprechen (vgl. Kapitel 3). Hier wird eine individuelle menschliche Wirklichkeit selbst zum geschichtlich greifbaren Ort jener unendlichen »Güte«, der alle Wirklichkeit ihr »Gutsein« verdankt. In seiner vollendet gelungenen Einheit von menschlicher Of-fenheit und göttlicher Liebe finden die Versprechen der Geschichte ihr »Ja und Amen«: »Er ist das Ja zu allem, was Gott verheißen hat. Darum rufen wir durch ihn zu Gottes Lobpreis auch das Amen« (2 Kor 1,20).

Beendet damit nun Jesus den offenen Versprechenscha-rakter unserer Wirklichkeit? Ist alle Geschichte bereits »am Ende«? Keineswegs! Denn auch er selbst ist ja noch einmal ein Versprechen, das der Einlösung harrt. Aller-dings auf völlig andere Weise als alles sonst: Im Glauben Israels (und vergleichbar in ähnlichen Grundhaltungen außerhalb Israels und des Christentums) ist der Gang von Versprechen zu (anfänglicher) Erfüllung und wieder zu neuen Versprechen grundsätzlich unabschließbar; jede er-fahrene Erfüllung kann noch immer gesteigert werden, sie bleibt vorläufig und überholbar; ja, sie kann vor allem auch von der menschlichen Sünde, von seiner Hoffnungs-losigkeit oder seiner zerstörenden »Anti-pathie« gegen-über der Schöpfung ständig bedroht und oft genug zer-schlagen werden. Eine endgültige Einlösung aller Ver-heißungen steht immer nur als Utopie, d. h. als ort-loses, immer wieder anstachelndes, aber niemals in unserer Geschichte eintreffendes Ziel vor Augen.

Diesen endlosen Gang zwischen den vielen Versprechen und Erfüllungen beendet Jesus zwar nun in der Weise, daß er in seiner *Person* wirklich die endgültige und unüberbietbare Gegenwart allen Heilseins unserer Wirklichkeit bereits darstellt, aber dies »nur« auf individuell-vorwegnehmende Weise, nicht jedoch in ihrer universal-vollendeten Gestalt. Denn Jesus trägt – von seiner Verkündigung des Reiches Gottes, von seinem Tod und seiner Auferstehung her – in sich das untrügliche Versprechen, daß einmal *unsere* ganze Wirklichkeit, soweit sie dazu bereit und fähig ist, in dieses *sein* endgültiges Heilsein einbezogen wird. Dadurch wird das ein für allemal gegebene Geschenk der Liebe Gottes nicht überboten, wohl aber ausgefaltet in die Vielfalt geschöpflicher Aneignung. Darum kann auch das in seiner Gestalt bereits angebrochene Reich Gottes nicht mehr untergehen; es ist seit Jesus dabei, sich zu einer universalen Versöhnung aller Schöpfung »auszuweiten«, aus der – von Gott her – niemand und nichts ausgeschlossen bleibt. Natürlich geschieht dies nicht »automatisch« und nicht in einer – gleichmäßigen oder dialektisch-sprunghaften – Evolution der Geschichte auf das Reich Gottes hin. Es bleibt eine offene Geschichte der menschlichen Freiheit und ihrer Entscheidung für Christus oder gegen ihn. Das eine ist jedoch durch Jesus Christus endgültig entschieden: Unsere Wirklichkeit mit all ihren Versprechen ist jetzt nicht mehr in dem Sinn unbegrenzt offen, daß alle ihre Möglichkeiten auch ins Endlos-Leere und Nichtige verlaufen könnten. Nicht einmal die »Macht der Sünde und des Todes« (auch nicht einer selbstverschuldeten Vernichtung unserer Erde und unserer menschlichen Lebenswelt) kann das endgültige »Kommen des Reiches Gottes« verhindern. Denn das fundamentale »Gutsein« unserer menschlichen Wirklichkeit (eben ihr Ja zu Gott und seiner ganzen Schöpfung) ist bereits »gerettet«, ist in dem auferstandenen Menschen Jesus von Nazaret endgültig bei Gott »aufgehoben«.

Wie und in welchem Maß allerdings das universale »Ein-schwenken« auf den Weg Jesu Christi – gegen alle mächti-gen, aber nicht mehr übermächtigen Widerstände des Bösen – sich vollzieht, das macht die Offenheit der Ge-schichte nach Christus aus; sie bleibt deswegen eine Hoff-nungs- und Verheißungsgeschichte. Die Kirche als Ge-meinschaft derer, die bewußt den Weg Jesu gehen und aus der Kraft seines Todes und seiner Auferstehung leben, steht im Dienst dieser Hoffnung; sie ist – in ihren wirklich glaubenden, hoffenden und liebenden Menschen – das zu-versichtweckende Zeichen dafür, daß unsere Wirklichkeit auf diesem Weg zum vollendeten Reich Gottes steht. Mehr noch: Gerade in ihren vielen (bekannten und unbe-kannten) Heiligen, von denen wir glauben, daß sie bei Gott endgültig aufgehoben sind und an der Gestalt des Auferstandenen teilhaben, nimmt das vollendete Reich Gottes bereits prägnante »Konturen« an. Uns ist es an-heimgegeben, zu jeder Zeit neu und anders, eben unserer geschichtlichen Situation gemäß, diese Konturen auszu-ziehen.

3. Jesus Christus im Leben der Nicht-Christen

Zwei Dinge sind bisher geklärt: einerseits die entschei-dende Bedeutung Jesu für den *christlichen* Glauben (1. Ka-pitel); ebenso seine *einzigartige*, das unterscheidend Christliche begründende Funktion in der allgemeinen Ge-schichte der Versprechen und Erfüllungen, die uns in un-serer Wirklichkeit begegnen (voriger Abschnitt). Aber ge-rade hier erhebt sich eine große Schwierigkeit (vgl. die *dritte* Frage dieses Kapitels, S. 40). Von *dieser* Bedeutung Jesu wissen oder halten ja all jene überhaupt nichts, die außerhalb des Christentums (im jüdischen Glauben, in an-deren Religionen, in einer entsprechenden humanen Le-benspraxis usw.) auch den Versprechenscharakter der

Wirklichkeit angemessen wahrnehmen und sich dadurch – ausdrücklich oder nicht – auf den wahren Gott ausrichten können. Kann es also doch eine glaubende Beziehung zu Gott ganz ohne Jesus Christus geben? Braucht man also erst gar nicht unbedingt auf den Weg Jesu »einzuschwenken«, um in die endgültige Versöhnung des Reiches Gottes einbezogen zu werden? Aber dann taucht sofort wieder die Gegenfrage auf: Was wird aus dem Anspruch des christlichen Glaubens, daß Jesus Christus der einzige und umfassende Mittler zu Gott und zu diesem letzten Heilsein aller Dinge in Gott ist (vgl. die Einleitung zu diesem Kapitel)? Dieser Anspruch läßt sich ja durchaus auch sinnvoll begründen. Weil in diesem Menschen die *ganze* heilende und heilschaffende Liebe des »dabeiseienden« Grundes unserer Wirklichkeit auch innergeschichtlich anwesend ist, kann es in der Geschichte der Menschen nicht mehr eine glaubende und somit heilende Beziehung zu Gott an diesem Menschen vorbei, einfach ohne ihn geben.

aa. Der universale Heilsmittler

Wenn es mehrere gleichberechtigte Wege zu Gott und zum Heil gäbe, dann hätte Gott uns eben nicht *alles* und endgültig in Jesus Christus geschenkt; dann hätte er nicht sich *selbst* in Jesus Christus uns gegeben, sondern vielleicht nur einen »Teil« seiner Liebe; andere »Teile« dieser Liebe könnte er dann durch andere »gute Menschen« oder sonstige Gaben seiner Schöpfung vermitteln. Aber diese Annahme widerspricht der Grunderfahrung des christlichen Glaubens: Gott hat sich selbst in der unendlichen Fülle seiner Liebe ganz und gar in Jesus Christus an die Menschen verschenkt – und auf diese Weise *nur* in ihm. Alle anderen Weisen, wie Gott und seine Liebe sich zu den Menschen vermitteln (eben durch unsere ganze Wirklichkeit und die in ihr wohnenden »Versprechen«), haben in Christus ihren integrierenden und entspringen-lassenden Grund; von ihm her bekommen diese Versprechen erst ihre vermittelnde Kraft, weil sie an seiner grundlegenden Vermittlung der Liebe Gottes *teilhaben*.

Ein urchristlicher Hymnus des Neuen Testaments besingt diese Einzigartigkeit Jesu so:

»Er ist das Ebenbild des unsichtbaren Gottes,
der Erstgeborene der ganzen Schöpfung.
Denn in ihm wurde alles erschaffen
im Himmel und auf Erden,
das Sichtbare und das Unsichtbare...
Alles ist durch ihn und auf ihn hin geschaffen.
Er ist vor aller Schöpfung,
in Ihm hat alles Bestand.
Er ist das Haupt des Leibes,
der Leib aber ist die Kirche.
Er ist der Ursprung,
der Erstgeborene der Toten;
so hat er in allem den Vorrang.
Denn Gott wollte mit seiner ganzen Fülle
in Ihm wohnen,
um durch Ihn alles zu versöhnen.
Alles im Himmel und auf Erden
wollte er zu Christus führen,
der Frieden gestiftet hat am Kreuz durch sein Blut«
(Kol 1,15–20).

»In ihm wurde alles erschaffen«: Die ganze Schöpfung ist immer schon hinein-geschaffen, eingeborgen in die Beziehung zwischen Vater und Sohn und trägt damit als ihr innerstes Strukturprinzip diese Liebe in sich. Von ihr stammt deswegen auch der Versprechenscharakter unserer Wirklichkeit; ist sie doch zutiefst »christusförmig« geschaffen, eben als Gleichnis und Ausstrahlung dessen, der allein die grundlegende Selbst-Aussage, das »Wort« und das »Ebenbild des unsichtbaren Gottes« ist. An seiner Weise, sich restlos der Liebe des Vaters zu verdanken, bekommt die ganze Schöpfung auf ihre – endliche – Weise Anteil. Deswegen kann der rechte Umgang mit ihr und ihren Versprechen

(s. o.) auch bereits ein Hin-Weg zu Gott sein. In Israel, in manchen anderen Religionen und Weltanschauungen wird dieser Weg gegangen, ohne seinen innersten Ermöglichungsgrund ausdrücklich zu kennen. In Jesus, dem menschgewordenen Sohn, ist dieser Grund endgültig offenbar geworden; und er soll deswegen allen Menschen so verkündigt werden, daß sie ihn als den universalen Mittler zum Heil anerkennen und zu ihm in die Beziehung der glaubenden Nachfolge treten (vgl. Mt 28, 18–20).

Wenn sie es aber *nicht* tun? Wenn sie diesen ungeheuerlichen Anspruch nicht annehmen und Jesus Christus nicht als die heilvermittelnde Mitte der Schöpfung bekennen wollen? Wenn sie es aus ihren geschichtlichen und gesellschaftlichen Umständen heraus z. T. gar nicht können? Bleibt ihre (im ersten Abschnitt aufgezeigte) Beziehung zu Gott dann letztlich doch heillos, also diesen Gott verfehlend, weil sie keine glaubende Beziehung zu Jesus Christus eingehen wollen oder können? Wie kann dann aber noch der universale Heilswille Gottes in Kraft bleiben, der »will, daß *alle* Menschen gerettet werden und zur Erkenntnis der Wahrheit gelangen« (1 Tim 2,4); denn: »Gott hat seinen Sohn nicht in die Welt gesandt, damit er die Welt richtet, sondern damit die *Welt* durch ihn gerettet wird« (Joh 3,17); oder: »Das wahre Licht, das *jeden* Menschen erleuchtet, kam in die Welt« (Joh 1,9).

Wie geht also beides zusammen: einerseits der umfassende Wille Gottes zum Heil *aller* Menschen und die damit gegebene Möglichkeit für *alle*, zu Gott in eine glaubend-heilende Beziehung (auch außerhalb des Christentums) zu treten – *und* andererseits die unlösbare Bindung dieser Beziehung und des Heils an eine Beziehung zu Jesus Christus?[8] Die Antwort auf diese Frage liegt darin, daß es eine

8 Vgl. dazu M. Kehl, Die Kirche. Eine katholische Ekklesiologie. Würzburg ³1994, S. 90–103; J. Ratzinger, Kein Heil außerhalb der Kirche? In: ders., Das neue Volk Gottes. Düsseldorf ²1970,

Beziehung zu Jesus Christus gibt, die jedem Menschen möglich ist, auch wenn er nie etwas von ihm gehört hat. Und zwar ist diese Beziehung eine konkrete Weise jenes »Glaubens«, der in der angemessenen Antwort auf den Versprechenscharakter unserer Wirklichkeit liegt und der den Menschen – auch außerhalb des ausdrücklich christlichen Bekenntnisses – zu Gott in eine heilende Beziehung setzt. Nach einem Wort Jesu besteht *diese* konkrete »Glaubensweise« darin, daß einer »den Willen meines himmlischen Vaters erfüllt« (vgl. Mt 12,50); denn »nicht jeder, der zu mir sagt: Herr! Herr!, wird in das Himmelreich kommen, sondern nur, wer den Willen meines Vaters im Himmel erfüllt« (Mt 7,21). Was ist aber dieser Wille Gottes, der allen zugänglich und für alle erfüllbar sein soll, auch für die, die Christus nicht kennen und ihn nicht als »Herrn« anrufen? Die Heilige Schrift antwortet ganz eindeutig: Der Wille Gottes ist vor allem die Liebe zum notleidenden Nächsten!

bb. Die konkrete Liebe als universaler Heilsweg

Die Erzählung vom guten Samariter (vgl. Lk 10,30 ff.), das Gleichnis vom barmherzigen Vater und seinem verlorenen Sohn (vgl. Lk 15,11 ff.), die Betonung der Einheit von Gottes- und Nächstenliebe als der Mitte des ganzen sittlichen Lebens (vgl. Mt 22,35), die Mahnung zum »Fruchtbringen« der Weinstockzweige in der Liebe (vgl. Joh 15), das »hohe Lied der Liebe« (vgl. 1 Kor 13) – dies alles veranschaulicht überdeutlich einen Kernsatz der Botschaft Jesu, der die Antwort auf unsere Frage enthält: »Was ihr für einen meiner geringsten Brüder getan habt, das habt ihr mir getan!« (Mt 25,40) Für alle, die so handeln, gilt die Verheißung des Heils: »Kommt her ... nehmt das Reich in Besitz!« (Mt 25,34)

S. 339–361; W. Bühlmann, Alle haben denselben Gott. Frankfurt 1978; W. Kern, Außerhalb der Kirche kein Heil? Freiburg 1977.

Wer notleidenden Menschen selbstlos hilft, tritt (ob er darum weiß oder nicht) in jene Beziehung zu Jesus Christus, die ihn auch mit Gott verbindet. Denn Jesus (und durch ihn Gott selbst) identifiziert sich mit allen armen, hungrigen, durstigen, fremden, obdachlosen, nackten, kranken und gefangenen Menschen: Wer zu diesen Menschen gut ist, verhält sich darin gut zu Jesus Christus. Die Liebe zum leidenden Mitmenschen »trifft« zugleich Jesus, weil er das »Urbild« des Menschen – gerade des leidenden und geschundenen Menschen – ist: »Ecce homo – seht da den Menschen!« (Joh 19,5) Der gefolterte, verspottete, gekreuzigte Jesus trägt in sich gleichsam das ganze Leid der Menschen, um es durch seine Liebe, die ja die Liebe Gottes selbst ist, »wegzutragen«, zu erlösen. Wer deswegen in irgendeiner Weise mithilft, das Leid der Menschen zu lindern, es in Liebe mitzutragen und wegzutragen, der ist »bei Christus« unter den Armen, der hat darin teil an der »gekreuzigten« Liebe Christi und geht ihren erlösenden Weg mit, ja, er selbst wird von dieser erlösenden Liebe getragen. Wer Jesus zu den Armen begleitet, findet dabei Gott und die Gabe seines Heils. Denn diese »handgreifliche« Liebe macht den Kern sowohl der hoffenden Sympathie zur Wirklichkeit wie auch der glaubenden Nachfolge Jesu um des Reiches Gottes willen aus. Sehr prägnant ist dies in einem kurzen Wort enthalten, das aus einem russischen Konzentrationslager überliefert wird: »Ich suchte Gott und fand ihn nicht; ich suchte meine Seele und fand sie nicht; ich suchte meinen Bruder und fand alle drei.«

cc. Einwände

Jetzt wird aber jemand *einwenden*: Wenn dies jedem Menschen möglich ist, ob er Jesus Christus kennt oder nicht, warum soll man dann überhaupt noch ausdrücklich Christ sein? Es geht doch offensichtlich auch einfacher! Nun, Christsein ist nicht zuerst eine Sache des »Sollens«, sondern des »Dürfens«: Wer in seiner Nächstenliebe zugleich den kennt und mit Namen nennt, der diese Liebe wirklich »heilend« macht, Jesus also, der durch seine Liebe bewirkt, daß auch unsere Liebe heilbringend ist, eben weil wir an seiner erlösenden Liebe teilhaben können, der wird ein zutiefst *dankbarer* Mensch werden. Denn er »verdankt« seine heilende Liebe ausdrücklich jemand anderem: dem Herrn. Die ausdrückliche Beziehung zu Jesus Christus (im Gebet, im Glaubensbekenntnis, in den Sakramenten) hat vor allem den Sinn, diese Dankbarkeit und dieses Angewiesensein zu bezeugen. Der Glaubende weiß nämlich, daß sein noch so selbstloses und liebendes Tun nicht aus sich heraus zum Heil führt, sondern nur weil es von der Liebe Gottes in Jesus Christus dazu ermächtigt worden ist: eben weil es an dieser allein heilenden Liebe teilnehmen darf. Heilende und befreiende Nächstenliebe ist für uns nicht zuerst eigene Leistung, sondern geschenkte Fähigkeit.

Dieses Wissen befreit uns von jenem Leistungsdruck, unter dem heute so viele gute Aktionen stehen: »Wir *müssen* es doch (mit unserer Liebe, mit unserem sozialen und politischen Engagement) schaffen!« Nein, der Glaubende verläßt sich darauf, daß Christus allein es »geschafft« hat; und dieses Vertrauen gibt ihm eine große Gelassenheit: Es hängt eben nicht zutiefst von mir ab, ob es Heil in der Welt gibt. Diese Gelassenheit macht den Glaubenden aber nicht träge. Im Gegenteil: Mit all der Kraft, die ihm möglich ist, setzt er sich für die »Geringsten« der Brüder und Schwestern Jesu ein, um ihnen die befreiende Liebe Jesu Christi zu vermitteln. Ob er dabei auch immer einen sichtbaren Erfolg seines Tuns erzielt oder nicht, ist ihm zunächst einmal zweitrangig. Weder Resignation noch Fanatismus sind seine Sache. Auch wenn das Elend schier grenzenlos ist, auch wenn die Widerstände gegen das Gute noch so hart sind, auch wenn er noch so viele Mißerfolge erlebt: Er braucht nicht aufzugeben oder verbissen zu werden. Denn er weiß, daß sein Tun auf jeden Fall sinnvoll und »heilsam«

ist, weil es teilhat am Tun Christi, d. h. an seiner erlösenden Liebe in Tod und Auferstehung. Dieses Wissen läßt ihn zuversichtlich sein auch im Scheitern. Das gibt der menschlichen Liebe zum Nächsten ihr spezifisch christliches Gepräge; trägt sie doch das Gesicht des gekreuzigten und auferstandenen Herrn. Erst dann ist die Liebe ihren Weg zu Ende gegangen und an ihr Ziel gelangt.

Aber noch ein *zweiter Einwand* erhebt sich gegen unsere Erklärung, wie auch die Nicht-Christen mit Christus in eine Beziehung treten können: Werden hier nicht die Außenstehenden, die gar nichts mit Christus und Kirche zu tun haben wollen, einfach *»vereinnahmt«*? Behandeln wir sie nicht gegen ihren Willen so, als ob sie »irgendwie« doch zu uns gehörten?

Nun, von Vereinnahmung kann nur dann zu Recht gesprochen werden, wenn wir diese Menschen als formell zugehörig zur institutionellen Gestalt der Kirche betrachten und sie zu deren (heimlichen) Mitgliedern zählen würden. Aber gerade das tun wir nicht; im Gegenteil: Wir möchten bei den Menschen, die nicht den Namen »Christ« tragen und nicht zur Kirche gehören (vielleicht auch aus bestimmten Gründen nicht dazugehören wollen), das entdecken, was sie im Kern mit uns gemeinsam haben können: eben – innerhalb der Grundeinstellung von Sympathie und Hoffnung gegenüber der Schöpfung – die konkrete Liebe zum notleidenden Nächsten. Nach unseren christlichen Wertmaßstäben ist dies entscheidend für den Glauben, weil eben darin die heilbringende Beziehung zu Jesus Christus wächst.

Wenn wir es so sehen, dann deuten wir *ihr* Tun von *unseren* Wertmaßstäben her und beurteilen es ausgesprochen positiv. Das hat nichts mit »Vereinnahmung« zu tun, sondern ist zunächst einmal ein ganz normaler Vorgang: Jeder Mensch beurteilt den anderen, wenn er ihn verstehen will, zunächst von seinem eigenen Standpunkt aus; also gemessen an dem, was er selbst für gut und richtig hält. Anders käme überhaupt keine Sympathie und Gemeinschaft zwischen Menschen zustande, die sich noch fremd sind; man könnte sonst nie von einem anderen sagen: »Das ist ein angenehmer oder guter oder ehrlicher Mensch.«

Entscheidend ist jedoch dabei zweierlei: Einmal, daß diese Beurteilung *gegenseitig* zugelassen ist; der andere darf und soll auch mich nach seinen Wertmaßstäben beurteilen, damit er mich verstehen kann. Zum anderen: Diese Beurteilungsmaßstäbe dürfen nicht starr und unbeweglich sein, so daß der andere einfach in ein festes Schema gepreßt würde, das ihm nicht gerecht wird. Denn so käme es sicher nicht zum gegenseitigen Verstehen. Die christliche Deutung der anderen, der nichtchristlichen, aber doch liebenden Menschen erfüllt die beiden genannten Bedingungen: Sie gesteht dem anderen das gleiche Recht zu, uns z. B. als Buddhisten »im Verborgenen« zu bezeichnen, wenn er meint, daß unser Tun im tiefsten seinen Wertmaßstäben gerecht wird. Dann ist das für uns durchaus als Anerkennung zu sehen und nicht als Vereinnahmung. Diese Beurteilung sucht doch eine gemeinsame Basis in den verschiedenen Überzeugungen, um einander anzuerkennen und sich miteinander zu verständigen. Und die zweite Bedingung: Unser Maßstab ist die Liebe – ein eindeutiger, aber zugleich auch unendlich weiter Maßstab! Liebe ist eben kein starres Schema, das dem anderen genau vorschreibt, wie er zu sein hat. Sie läßt ihn frei, ohne ihn jedoch der Beliebigkeit zu überlassen, die einfach sagt: »Jeder soll nach seiner Façon selig werden.« Nein, der Christ sagt dagegen: »Nur der Liebende kann selig werden.« Aber die Liebe eröffnet dem, der sich ihr in seinem ganz konkreten Tun verschreibt, einen unbegrenzten Horizont an Möglichkeiten des »Seligwerdens«. Von »Vereinnahmung« kann hier sicher nicht gesprochen werden.

3. Kapitel
Das Gegenüber des Glaubens

In den beiden ersten Kapiteln ist die Frage ständig mitbe-
handelt worden: Auf wen richtet sich eigentlich unser
christlicher Glaube? In diesem Kapitel soll diese Frage nun
ausdrücklich thematisiert werden. Es geht uns jetzt also
um Gott als das unsere ganze Wirklichkeit gründende und
vollendende »Woraufhin«, als das in allem angezielte »Gegenüber« unseres Glaubens, das sich für uns vor allem in
der Person und in der Geschichte Jesu ausgelegt hat.

1. Die Bedeutung des Wortes »Gott«

Wer ist dieser Gott, dem wir uns in der Nachfolge Jesu
und im Glaubensbekenntnis der Kirche anvertrauen?
Was meinen wir mit dem vielsagenden und dennoch oft
so nichtssagenden Wort: »Gott«?
An den Anfang unserer Überlegungen möchte ich einen
bekannten Text von Martin Buber, dem großen jüdischen
Bibelübersetzer, Theologen und Religionsphilosophen
unseres Jahrhunderts, stellen:
»Ja... es (= das Wort »Gott«) ist das beladenste aller
Menschenworte. Keines ist so besudelt, so zerfetzt worden. Gerade deshalb darf ich darauf nicht verzichten.
Die Geschlechter der Menschen haben die Last ihres ge-
ängstigten Lebens auf dieses Wort gewälzt und es zu
Boden gedrückt; es liegt im Staub und trägt ihrer aller
Last. Die Geschlechter der Menschen mit ihren Reli-
gionsparteiungen haben das Wort zerrissen; sie haben
dafür getötet und sind dafür gestorben; es trägt ihrer al-
ler Fingerspur und ihrer aller Blut. Wo fände ich ein
Wort, das ihm gliche, um das Höchste zu bezeichnen!

Nähme ich den reinsten funkelndsten Begriff aus der innersten Schatzkammer der Philosophen, ich könnte darin doch nur ein unverbindliches Gedankenbild einfangen, nicht aber die Gegenwart dessen, den ich meine, dessen, den die Geschlechter der Menschen mit ihrem ungeheuren Leben und Sterben verehrt und erniedrigt haben. Ihn meine ich ja, den die höllengepeinigten, himmelstürmenden Geschlechter der Menschen meinen. Gewiß, sie zeichnen Fratzen und schreiben »Gott« darunter; sie morden einander und sagen »in Gottes Namen«. Aber wenn aller Wahn und Trug zerfällt, wenn sie ihm gegenüberstehen im einsamsten Dunkel und nicht mehr ›Er, Er‹ sagen, sondern ›Du, Du‹ seufzen, ›Du‹ schreien, sie alle das Eine, und wenn sie dann hinzufügen, ›Gott‹, ist es nicht der wirkliche Gott, den sie alle anrufen, der Eine, Lebendige, der Gott der Menschenkinder?! Ist nicht er es, der sie hört? Der sie – erhört? Und ist nicht eben dadurch das Wort ›Gott‹, das Wort des Anrufs, das zum Namen gewordene Wort, in allen Menschensprachen geweiht für alle Zeiten? Wir müssen die achten, die es verpönen, weil sie sich gegen das Unrecht und den Unfug auflehnen, die sich so gern auf die Ermächtigung durch ›Gott‹ berufen; aber wir dürfen es nicht preisgeben. Wie gut läßt es sich verstehen, daß manche vorschlagen, eine Zeit über von den ›letzten Dingen‹ zu schweigen, damit die mißbrauchten Worte erlöst werden! Aber so sind sie nicht zu erlösen. Wir können das Wort ›Gott‹ nicht reinwaschen, und wir können es nicht ganzmachen; aber wir können es, befleckt und zerfetzt wie es ist, vom Boden erheben und aufrichten über einer Stunde großer Sorge.«[1]
Wo finden wir dieses Wort, um es aufzuheben und in unserer Gegenwart »aufzurichten«? Zweifellos an den

1 M. Buber, Gottesfinsternis. In: Werke I – Schriften zur Philosophie. München 1962, S. 509 f.

verschiedensten Orten: Fast alle großen Weltreligionen sprechen von Gott; Sekten und viele der sog. Jugendreligionen bedienen sich seiner, bei vielen Philosophen ist von ihm die Rede, im Streit der Weltanschauungen spielt Gott noch immer eine Rolle, das Theater und die Literatur kommen auch heute noch nicht völlig ohne dieses Wort aus usw. Aber was meinen sie alle mit dem Wort »Gott«? Sicher nicht einfach unterschiedslos dasselbe, und sicher auch nicht alle das, was wir Christen im Glaubensbekenntnis damit ansprechen. Es hat deswegen in diesem Rahmen auch wenig Sinn, jetzt alle diese mannigfaltigen »Fundstellen« des Wortes Gott abzuklopfen und sie auf den darin gemeinten Sinn zu untersuchen. Für jemanden, der sich seines (christlichen) Glaubens tiefer vergewissern oder der nach einer verstehbaren Hinführung zum Glauben (für sich selbst und für andere) sucht, scheint es angemessener zu sein, wenn er die christliche Glaubensbotschaft selbst befragt, der er in seinem Leben bereits auf vielfache Weise begegnet ist.[2]

a. Negativ: Wer Gott nicht ist

Beachten wir zunächst einige »Warn- und Vorsichtsschilder«, die uns darauf hinweisen, was der christliche Glaube *nicht* unter Gott versteht:
– »Gott« ist für uns kein »außerirdisches«, geistig-unsichtbares Wesen, das irgendwo in den Tiefen des Weltalls oder

2 Vgl. zum Thema dieses Kapitels vor allem: H. U. v. Balthasar, Glaubhaft ist nur Liebe. Einsiedeln [3]1966; H. J. Schultz (Hrsg.), Wer ist das eigentlich – Gott? München 1969; R. Spaemann, Die Frage nach der Bedeutung des Wortes »Gott«. In: IkaZ 1 (1972), S. 54–72; J. Ratzinger (Hrsg.), Die Frage nach Gott (Quaest. disp. 56). Freiburg [2]1973; J. Moltmann, Der gekreuzigte Gott. München [2]1973; E. Jüngel, Gott als Geheimnis der Welt. Tübingen [3]1978; K. Rahner, Grundkurs des Glaubens. Freiburg [5]1976; W. Kasper, Der Gott Jesu Christi. Mainz [3]1994.

jenseits der Grenzen unseres Kosmos wohnt, das von dort aus alles überblickt und beherrscht und das gelegentlich in unser Weltgeschehen bzw. in unser ganz persönliches Leben eingreift (so das Modell vieler volkstümlicher Gottesvorstellungen, nicht nur bei Kindern).

– »Gott« ist für uns kein »oberster Weltbaumeister«, der das »Uhrwerk« dieser Welt bei der Schöpfung einmal in Gang gesetzt hat; der es von da an jedoch seinem eigenen Lauf nach den ein für allemal gegebenen Gesetzen überläßt; der dabei als oberste »sittliche Instanz« nur über die Einhaltung der sittlichen Normen unter den Menschen wacht und sie dafür nach dem Tod einmal zur Verantwortung zieht (so das Modell einer in der europäischen Aufklärung des 18./19. Jahrhunderts, besonders im sog. »Deismus« entstandenen »vernünftigen« Religion, wie sie sich heute noch – mehr hintergründig – in einigen Weltanschauungen des liberalen westlichen Bürgertums und – ausdrücklich – in der Religion mancher Freimaurerlogen findet).

– »Gott« ist für uns nicht die letzte »Tiefendimension« unserer Seele, unseres Geistes oder des gesamten Kosmos, welche wir bei genügend intensivem (psychologischem, philosophischem, naturwissenschaftlichem oder meditativ-religiösem) Nach-innen-Schauen entdecken und dabei als die höchste Qualität aller Dinge ausmachen können; z. B. als Kraft der evolutiven Selbstorganisation, die als »Geist des Universums« alles durchwaltet und belebt, allem von Natur aus anhaftet und es in einer großen kosmischen Einheit und Ganzheit zusammenfügt (so das Modell mancher moderner Religionspsychologien, Naturmystiker, New-Age-Anhänger oder Meditationsmethoden, die bisweilen von östlicher, etwas pantheistisch angehauchter Religiosität beeinflußt sind).

– »Gott« ist für uns auch nicht gleichbedeutend mit der Utopie einer von aller Unterdrückung und allem Unfrieden befreiten Welt, die als Leitidee unser gegenwärtiges Handeln bestimmt und als erhofftes Ziel die Geschichte der Menschen zu einem versöhnenden, alle Entfremdung aufhebenden Ende führen soll (so das Modell mancher Theologen, die eine Vermittlung zwischen dem christlichen Glauben und einem humanistischen Marxismus, etwa im Sinne Ernst Blochs, versuchen).

– »Gott« ist für uns schließlich überhaupt keine Eigenschaft, kein Zustand und kein Teil unserer weltlichen Wirklichkeit; er ist weder im Aufbau einer großen »Seins-Pyramide« das oberste und »vollkommenste Seiende«, zu dem man im Aufstieg über alle anderen Seienden hingelangen könnte, noch in der gesamten »Ursachenkette« dieser Welt das erste Glied, das alle anderen irgendwann einmal einfach nur »angestoßen« hat und bei dem man in einem unendlichen Rückgang durch alle empirischen Ursachen hindurch ankommen kann (so das Modell einer weithin überholten Religionsphilosophie, die das christliche Gottesbild zu sehr der antiken griechischen Metaphysik angeglichen hat).

Aus all dem folgt: »Gott« gehört nicht in die Zusammenhänge unserer Wirklichkeit, die wir mit unseren Sinnen und unserem Verstand begreifen können. Deswegen können wir auch keinen angemessenen »Begriff« von Gott bilden wie sonst von allen anderen Gegenständen unserer Erfahrung, die wir – wenigstens grundsätzlich – genau nach Inhalt und Umfang definieren können (das macht die Eigenart eines »Begriffs« aus). Wer »Gott« so begreift, ihn so auf den Begriff bringen und »definieren« will, verfehlt ihn gründlichst.

b. Die Möglichkeit des Sprechens von »Gott«

Was bleibt dann noch *positiv* übrig? Welchen Inhalt hat das Wort »Gott« überhaupt noch? Können wir denn etwas von »Gott« aussagen, wenn er nicht ein Teil unserer endlichen Wirklichkeit und damit auch kein Gegenstand unserer direkten Erfahrung ist?

Was unsere *sprachlichen* Möglichkeiten angeht, so können wir in der Tat nicht (direkt) »begreifend«, sondern nur (indirekt) *hinweisend* von Gott sprechen, indem wir die Dinge unserer Welt als ein von seinem Wirken erfülltes *Gleichnis* verstehen.[3] Wie Jesus das »Reich Gottes« mit Vorliebe in Gleichnissen (von der Perle und dem Schatz im Acker, vom Sämann, vom Senfkorn, vom Sauerteig usw.) verkündet hat, so vermag auch unser Reden von Gott ihm nur dann gerecht zu werden, wenn es (im Unterschied zu *allem* anderen Wirklichen) seine absolute Unbegreiflichkeit und Verborgenheit wahrt; wenn es also die Dinge und Geschehnisse unserer Wirklichkeit als *Zeichen* und Symbole sieht, die über sich selbst hinausweisen auf eine ganz andere, sie unendlich übersteigende und dennoch in ihnen anwesende Wirklichkeit, von der sie begründet, auf die sie hingeordnet sind und an der sie auf endliche Weise teilhaben.

Erinnern wir uns an unsere Ausführungen über den »Versprechenscharakter« alles Wirklichen (2. Kapitel). Genau diese Eigenart kann unsere erfahrbare Wirklichkeit zu einem »Gleichnis« und »Zeichen« machen, das auf Gott verweist. Dabei läßt sich (1) in diesem *Gleich*-nis durchaus positiv etwas mit unserer Welt »Ver-*gleichbares*« von Gott erkennen; so z. B. wenn wir Gott als Liebe benennen. Das Wort »Gott« bekommt hier einen Inhalt, mit dem wir bestimmte zutreffende Vorstellungen von Liebe verbinden können. Denn *in* unserer menschlichen Erfahrung von Liebe können wir zugleich (indirekt) den »miterfahren«, der unsere Liebe zum befreienden Handeln erst befähigt und der diesem Handeln den Charakter einer unabschließbaren Verheißung gibt. Aber in eins damit (2) betont das Gleich-nis ebenso die radikale *Un*-vergleichbarkeit Gottes. Bei allen positiven Aussagen müssen wir immer auch das negative »So nicht« mitdenken und -sa-

3 Vgl. W. Kasper, a. a. O. S. 123 f.

gen. So z. B. wenn wir Gott als un-endliche, un-bedingte, un-veränderliche, un-sterbliche Liebe bezeichnen: Darin verneinen wir eine zu simple, gleich-sinnige Vergleichbarkeit Gottes mit unserer endlichen Liebe. In diesem Zusammenspiel von positiver und negativer Aussage weist deswegen jedes Gleichnis Gottes (3) auch *über* all unsere Erfahrungen hinaus und macht deutlich, daß unsere positiven Bezeichnungen in Gott in einem unbegreiflichen »Übermaß« verwirklicht sind, vor dem all unsere Begriffe und Vorstellungen letztlich versagen, auch dann, wenn wir unseren schönsten und gefülltesten Begriff, die »Liebe«, auf ihn anwenden.[4]

c. Der positive Gehalt des Wortes »Gott«

Was ist aber nun endlich der *positive Inhalt* des Wortes »Gott« im christlichen Sinn?
Wir haben ihn bereits im Zusammenhang mit der Darstel-

---

4 Wir haben hier in aller Kürze die drei Schritte der klassischen »*Analogie-Lehre*« dargelegt; diese »Sprachlehre des Glaubens« (W. Kasper) beinhaltet immer drei Momente: »Die *via affirmationis* (= positiv-bejahende Aussagen über Gott) geht von dem positiven Zusammenhang aus zwischen dem Endlichen und Unendlichen, der sich aus der Schöpfung ergibt; und sie erkennt Gott aus seinen Wirkungen in der Welt. Die *via negationis* (= verneinende Aussagen über Gott) negiert den endlichen Modus unserer Aussageweise und der Verwirklichung der Vollkommenheiten im endlichen Bereich. Die *via eminentiae* (= übersteigende Aussagen über Gott) schließlich sagt, daß diese endlichen Vollkommenheiten Gott in höherem Maß, in sublimerer Weise, ja in schlechterdings überbietender (eminenter) Weise zukommen. Wir erkennen darin von Gott mehr, was er nicht ist, als was er ist; wir erkennen, daß wir ihn nicht erkennen können. Doch immerhin: wir erkennen dieses unser Nichterkennen. Es handelt sich nicht um eine schlichte ignorantia, sondern um eine docta ignorantia, ein wissendes Nichtwissen.« (W. Kasper, a. a. O. S. 127; mit Hinweis auf Sokrates, Augustinus, Bonaventura und Nikolaus von Cues)

lung des Glaubensbekenntnisses (1. Kapitel) und der besonderen Wirklichkeitserfahrung Israels und der Christen (2. Kapitel) eingeführt: Gott ist für uns die Liebe, die wie ein unerschöpflicher Quell alle Wirklichkeit aus sich entspringen läßt, sie in dieser Liebe ständig begründet und sie darin auch einmal vollendet. Er ist die in allem verborgen »dabei-seiende« Sym-pathie, die in personal-freier Zuwendung sich so verströmt, daß unsere erfahrbare Wirklichkeit durch die geschenkte Teilhabe an ihr überhaupt erst ihr eigenes Dasein und ihre Gestalt, ihre Wahrheit und ihr Gutsein erhält. Insofern ist Gott eben nicht eine allen Dingen »von Natur aus« eignende Qualität (nach dem Modell einer alles vereinenden kosmischen »Lebensenergie«), sondern der von ihnen radikal *unterschiedene* und doch in ihnen gegenwärtige, sie ermöglichende und tragende »Grund«. Dies aber nicht als ein statisch-unbewegliches Fundament, das immer und überall sicher »zuhanden« ist. Vielmehr erweist er sich als in Freiheit durchtragende »Treue«, die alles Geschehen begleitet und es in dem Maße, als es sich von seiner Liebe durchformen und bewegen läßt, auch zu einer endgültig heilenden und befreienden Vollendung hinführt, wo es in seiner Liebe für immer »aufgehoben« bleibt (»Reich Gottes«). Dieses Gegründetsein und Vollendetwerden in solcher Liebe verleiht unserer endlichen Wirklichkeit erst ihren unbedingten, die Endlichkeit aufsprengenden Sinn: daß sie in sich ein gefülltes Gleichnis für diese Liebe sein kann, ein »Versprechen«, das auf ihn verweist, den Geber und Vollender alles Guten.

d. Erkenntnis Gottes aus der »offenbarenden« Begegnung

Eine solche Liebe läßt sich in keinem unserer »Begriffe« einfangen. Das Wort »Gott« ist deswegen auch viel eher als ein *Name* zu verstehen, in dem diese Liebe sich selbst als eine absolut einmalige, unergründbare personale Wirklichkeit kundtut und mit dem wir sie ansprechen können. Schließlich ist dieser Gott ja auch von Juden und Christen nicht in einer logischen Schlußfolgerung von unserer Wirklichkeit aus »begriffen«, sondern zuallererst in einer *Begegnung* erfahren worden, in der er sich *von sich selbst her* als »dabeiseiende« Liebe mitteilt (vgl. Ex 3,14).

Wir brauchen uns diese Begegnung sowohl für das Alte wie für das Neue Testament keineswegs in Form irgend-welcher geheimnisvoller »Himmelsstimmen« vorzustel-len (wie es die in der Antike übliche literarische Form mancher biblischer Berichte nahelegt, die damit den *gött-lichen* Ursprung bestimmter menschlicher Erfahrungen betonen wollten). Sicher wird es auch viele visionäre und mystische Erlebnisse der prophetischen Seher Israels ge-geben haben, in denen ihnen Gott als diese Liebe »aufge-gangen« ist; in der Regel jedoch wird diese Begegnung auch im Alten Testament vermittelt worden sein durch ganz bestimmte »verheißungsvolle« Ereignisse der Ge-schichte Israels (z. B. den Auszug aus Ägypten, die Siege des Volkes über seine Feinde, die Heimholung aus dem Exil, die immer neue Wiederherstellung des alten Glau-bens angesichts seiner ständigen Bedrohung durch Göt-zenkulte usw.). Solche Befreiungserfahrungen wurden von den großen Glaubenden Israels, den Propheten, als »Selbstoffenbarung« Jahwes, der darin »dabeiseienden« und aus allen Ausweglosigkeiten befreienden Liebe, ver-standen und verkündet. In solchen geschichtlichen Selbst-erweisen Jahwes wird nicht die Verborgenheit und Unbe-greiflichkeit Gottes auf einmal aufgehoben. Er tritt auch da nicht als ein »Teil« unserer Welt, als ein erkennbarer »Gegen-stand« in unsere Erkenntnis ein (etwa als ein strahlendes »Licht« oder als überwältigende »Gestalt«). Indem er *sich* offenbart, gibt er sich gerade *als* die verbor-gen anwesende, stets unbegreifliche Sympathie kund, die hier und jetzt heilend und befreiend am Werk ist. Genau das ist gemeint, wenn wir Gott als unergründbares »Geheimnis« bezeichnen. Das ist etwas völlig anderes als ein »Rätsel« oder eine Denkaufgabe, die man irgendwann lösen oder aufhellen kann. Von Gott als »Geheimnis« sprechen meint vielmehr die in aller Selbstoffenbarung bleibende, ja sich in der Begegnung noch vertiefende Verborgenheit einer alles Begreifen übersteigenden, von uns niemals auszuschöpfenden Liebe, die dennoch in allem da ist und sich befreiend verströmt.[5]

Für das Neue Testament konzentriert sich diese offenbarende Begegnung mit Gott auf die Gestalt und Geschichte Jesu Christi. Mit diesem Menschen identifiziert sich Gott ganz und gar; er wird seitdem in einem menschlichen Antlitz sichtbar und mit einem menschlichen Namen ansprechbar. Das heißt nicht, daß Gott sich in der Menschwerdung gleichsam in diesen Menschen Jesus hinein »auflösen« und jetzt doch ein »Teil« unserer Wirklichkeit und ein »Gegenstand« unserer Erkenntnis würde. Nein, auch hier bleibt der Gleichnischarakter unserer geschöpflichen Wirklichkeit Gott gegenüber voll gewahrt. Als Mensch ist Jesus für uns jenes Gleichnis, besser noch: jenes »Ur-sakrament« Gottes, in dem die Gleichnisfähigkeit unserer Welt ihren Höhepunkt erreicht hat. Alle verstreuten Zeichen und »Versprechen« dieser Welt, die auf den verborgenen Gott hinweisen, haben in ihm ihre einende und versammelnde Mitte gefunden. Denn in allem, was er ist und tut, verweist er restlos auf Gott, den er seinen »Vater« nennt; ihn allein bringt er für uns zur Erfahrung: »Wer mich sieht, sieht den Vater... Glaubst du nicht, daß ich im Vater bin und daß der Vater in mir ist? Die Worte, die ich euch sage, habe ich nicht aus mir selbst. Der Vater, der in mir bleibt, vollbringt seine Werke« (Joh 14,9 f.).

5 Vgl. auch K. Rahner, Über den Begriff des Geheimnisses in der katholischen Theologie. In: Schriften zur Theologie IV. Einsiedeln [5]1967, S. 51–99.

2. Begegnung mit dem Gott Jesu Christi

Wie sieht nun diese Liebe, die in Jesus Christus »am Werk« ist, *konkret* aus? Wie »offenbart« sich dieser Gott, den Jesus seinen und unseren »Vater« nennt, in der Geschichte Jesu? Denn Leben, Sterben und Auferstehen Jesu verleihen dem Gegenüber unseres Glaubens erst seinen konkreten und anschaulichen *Inhalt*. Ich möchte hier besonders auf vier zentrale *Merkmale* dieses Gottes Jesu Christi eingehen:

a. Gott als Liebe, die auf der »Suche nach dem Verlorenen« ist[6]

Was damit gemeint ist, läßt sich gut im Gleichnis vom »Barmherzigen Vater« bzw. »Verlorenen Sohn« auslegen (Lk 15,11–32):

»Weiter sagte Jesus: Ein Mann hatte zwei Söhne. Der jüngere von ihnen sagte zu seinem Vater: Vater, gib mir das Erbteil, das mir zusteht. Da teilte der Vater das Vermögen auf. Nach wenigen Tagen packte der jüngere Sohn alles zusammen und zog in ein fernes Land. Dort führte er ein zügelloses Leben und verschleuderte sein Vermögen. Als er alles durchgebracht hatte, kam eine große Hungersnot über das Land, und es ging ihm sehr schlecht. Da ging er zu einem Bürger des Landes und drängte sich ihm auf; der schickte ihn aufs Feld zum Schweinehüten. Er hätte gern seinen Hunger mit den Futterschoten gestillt, die die Schweine fraßen; aber niemand gab ihm davon. Da ging er in sich und sagte: Wieviele Tagelöhner meines Vaters haben mehr als genug zu essen, und ich komme hier vor Hunger um. Ich will aufbrechen und zu meinem Vater ge-

---

6 So Fr. J. Schierse, Die neutestamentliche Trinitätsoffenbarung. In: J. Feiner / M. Löhrer (Hrsg.), Mysterium Salutis II. Einsiedeln 1967, S. 92 f.

hen und zu ihm sagen: Vater, ich habe mich gegen den Himmel und gegen dich versündigt. Ich bin nicht mehr wert, dein Sohn zu sein, mach mich zu einem deiner Tage-löhner. Dann brach er auf und ging zu seinem Vater. Der Vater sah ihn schon von weitem kommen, und er hatte Mitleid mit ihm. Er lief dem Sohn entgegen, fiel ihm um den Hals und küßte ihn. Da sagte der Sohn: Vater, ich habe mich gegen den Himmel und gegen dich versündigt; ich bin nicht mehr wert, dein Sohn zu sein. Der Vater aber sagte zu seinen Knechten: Holt schnell das beste Gewand, und zieht es ihm an, steckt ihm einen Ring an die Hand, und zieht ihm Schuhe an. Bringt das Mastkalb her, und schlachtet es; wir wollen essen und fröhlich sein. Denn mein Sohn war tot und lebt wieder, er war verloren und ist wiedergefunden worden. Und sie begannen, ein fröhliches Fest zu feiern.

Sein ältester Sohn war unterdessen auf dem Feld. Als er heimging und in die Nähe des Hauses kam, hörte er Musik und Tanz. Da rief er einen der Knechte und fragte, was das bedeuten solle. Der Knecht antwortete: Dein Bruder ist gekommen, und dein Vater hat das Mastkalb schlachten lassen, weil er ihn heil und gesund wiederbekommen hat. Da wurde er zornig und wollte nicht hineingehen. Sein Vater aber kam heraus und redete ihm gut zu. Doch er erwiderte dem Vater: So viele Jahre schon diene ich dir, und nie habe ich gegen deinen Willen gehandelt, mir aber hast du nie auch nur einen Ziegenbock geschenkt, damit ich mit meinen Freunden ein Fest feiern konnte. Kaum aber ist der hier gekommen, dein Sohn, der dein Vermögen mit Dirnen durchgebracht hat, da hast du für ihn das Mast-kalb geschlachtet. Der Vater antwortete ihm: Mein Kind, du bist immer bei mir, und alles, was mein ist, ist auch dein. Aber jetzt müssen wir uns doch freuen und ein Fest feiern; denn dein Bruder war tot und lebt wieder; er war verloren und ist wiedergefunden worden.«

aa. Ort und Sinn dieser Parabel im Leben Jesu

Die meisten Exegeten sind sich heute weithin einig, daß hier ein authentisches Gleichnis Jesu vorliegt. Es hat einen typischen Ort im Leben Jesu, der in der Einleitung der Gleichnistrilogie Lk 15 auch angegeben wird: In diesem Gleichnis antwortet Jesus nämlich auf die Vorwürfe der Pharisäer gegen seine skandalöse Praxis, mit Sündern und Zöllnern Gemeinschaft zu pflegen: »Dieser nimmt Sünder auf und ißt sogar mit ihnen« (Lk 15,2).[7] Nicht gegen die gnädige Vergebung von Sünden im allgemeinen, auch nicht gegen Menschenfreundlichkeit im Verhältnis zu dem Sünder protestieren die Gesetzestreuen. Ihr Protest richtet sich primär gegen das völlig neue Verständnis von Buße und Umkehr, das Jesus in seinem Verhalten an den Tag legt, und von daher auch gegen das neue Bild von Gott und seiner Vergebung. Der gesetzestreue Jude war von einem tiefen sittlichen Ernst erfüllt, gerade wenn es um Buße für begangene Schuld ging. Buße, Wiedergutmachung, Sühne – das war eine ernste Sache, bei der man sich mit ganzer Kraft anstrengen mußte. Es kam zwar nicht auf die Menge der Werke an, die einer zur Wiedergutmachung leistete, wohl aber auf den offenkundigen Ernst und die Radikalität seiner Bußgesinnung. Als Beispiel möchte ich hier die Legende von Nachum von Gimso einfügen:

»Nachum von Gimso, der fromme Lehrer, trieb eines Tages drei Esel, beladen mit Brot und Früchten, nach dem Lehrhaus. Während er in der Mittagshitze mehr schlafend als wachend den Tieren folgte, trat ein kranker, von Ge-

---

7 Zum Folgenden vor allem: E. Linnemann, Gleichnisse Jesu. Göttingen 1969; R. Pesch, Zur Exegese Gottes durch Jesus von Nazareth. Eine Auslegung des Gleichnisses vom Vater und den beiden Söhnen (Lk 15,11–32). In: B. Casper u. a., Jesus – Ort der Erfahrung Gottes. Freiburg 1976, S. 140–189.

schwüren entstellter, halbverhungerter Bettler an ihn heran und bat ihn um etwas Speise.

Nachum hatte noch nie einen Bittenden abgewiesen, aber die Glut des Tages machte ihn träge, und er antwortete verdrossen: ›Warte doch, bis ich dir etwas herausgesucht habe.‹ Mit widerwilligen Füßen folgte er den vorangegangenen Tieren und begann mürrisch in den Körben zu fingern. Während er aber noch so zwecklos hin und her griff, schlug an sein Ohr ein schwaches und doch so furchtbar eindringliches Seufzen, und als er sich umwandte, lag der Bettler tot im Sand hingestreckt.

Wie schnell waren da Nachums Hände, Brot und Früchte aus dem Korb zu nehmen, wie eilten seine Füße zurück! Er flehte den Toten an zu essen, er warf sich über seinen von Wunden zerfressenen Leib, um ihn zu beleben, aber es war umsonst. Da schrie Nachum zu Gott und rief: ›Herr der Welt! Durch meine Trägheit ist dies Menschenleben verlorengegangen! O erleichtere meinen Gram und strafe mich! Die Füße, die so träge waren, dem Bedürftigen zu Hilfe zu eilen, mögen erlahmen, die Hände, die lässig waren zu seinem Dienst, mögen verdorren, die Augen, die scheel sahen auf seine Not, mögen erblinden, und mein Leib möge seine Krankheit tragen. Herr der Welt, so strafe mich in diesem Leben und an meinem Leib, daß du mich nicht strafest in jenem Leben und an meiner Seele!‹

Von diesem Tage an war Nachum leidend. Seine Füße erlahmten, seine Hände verdorrten, seine Augen erblindeten, und sein Leib war mit Geschwüren bedeckt.

Einst besuchte ihn Rabbi Akiba, sein Schüler, und als er ihn so zerstört in den Tüchern seines Lagers sah, schrie er laut vor Schmerz und rief: ›Wehe mir, daß ich dich so sehen muß, du Frommer!‹

Aber Nachum lächelte und sprach: ›Wohl dir, Akiba, daß du mich so sehen darfst, denn dies ist mir ein Gnadenzeichen, daß Gott meine Sünde von mir fordert in diesem

Leben und an meinem Leib und lässet mich unversehrt in jenem Leben und an meiner Seele!‹«[8]

Diesen Ernst der wirklichen Buße vermißten die Pharisäer bei den Zöllnern und Sündern, die sich Jesus zugesellten und von ihm die Vergebung ihrer Sünden zusprechen ließen. Das ging ihnen zu leicht, zu oberflächlich vonstatten. Was leisteten sie denn schon, wenn sie Jesus zuhörten und mit ihm zu Tisch saßen? Das konnte doch unmöglich genügen, um von Gott als Bußfertiger angesehen zu werden und seine Sünden vergeben zu bekommen! Jesus stellt ihre sittliche Ordnung mit seinem Verhalten einfach auf den Kopf: Ohne rechte Bußleistung, ohne Strafe und Sühne nimmt er die Sünder in seine Gemeinschaft auf, spricht ihnen die ganze Fülle der Liebe und Herrschaft Gottes zu, vergibt ihnen die Sünden! Welche neue sittliche Wertordnung steht dahinter? Welches neue Gottesbild wird hier vermittelt? Das »Murren« der Pharisäer ist durchaus verständlich (Lk 15,2). Und nun erzählt Jesus ihnen eine Parabel, eine frei erfundene Geschichte, die er so inszeniert und dramatisch ausgestaltet, daß seine Zuhörer davon in Bann geschlagen und zum Überdenken ihrer Position gedrängt werden. Gleichnisse erzählen gehört zur »theologischen Kunst des Überredens«.[9] Der Erzähler möchte mit ästhetischen Mitteln den Zuhörer für seine Überzeugung gewinnen. Es wird also nicht argumentiert; hier wird auch nicht einfach etwas mitgeteilt; nein, hier wird der Zuhörer in die Geschichte miteinbezogen. Das Gleichnis lädt ihn dabei ein, nicht nur der erzählten Geschichte zuzustimmen, sondern darin auch dem tieferen, real erlebten *Geschehen*, das hier ins sprachliche Bild gehoben wird. Durch das Gleichnis appelliert Jesus nämlich an seine kritischen Zuhörer, bei seiner »Sache« mitzumachen, sich genauso wie er zu den Sündern zu verhalten, also umzu-

---

8 Zitiert aus: E. Linnemann, a. a. O. S. 77 f.
9 R. Pesch, a. a. O. S. 169.

denken, sich verwandeln zu lassen und an seiner Tischge-
meinschaft mit den Sündern teilzunehmen. Gerade das
Gleichnis vom verlorenen Sohn zielt auf dieses Einver-
ständnis im Tun der feiernden Tischgemeinschaft mit den
Sündern hin: »Aber jetzt müssen wir uns doch freuen und
ein Fest feiern; denn dein Bruder war tot und lebt wieder,
er war verloren und ist wiedergefunden worden«
(Lk 15,32; vgl. V. 23 f.).
Das ist der zweimalige Refrain und die Pointe der ganzen
Erzählung.

bb. Die theologische Deutung des Gleichnisses

Wie kommt »Gott« hier zur Sprache? Welches »Gottesbild« vermittelt dieses Gleichnis? Die Gestalt des Vaters
im Gleichnis ist keine Allegorie für Gott; d. h. sie läßt sich
nicht Zug für Zug auf Gott übertragen, so daß man sagen
könnte: Der Vater »bedeutet« oder »ist« in *allen* Einzelheiten Gott. Nein, in der Geschichte handelt zunächst einmal nicht Gott, sondern eine ganz und gar menschliche
Person in dem menschlichen Erfahrungsraum der gestör-
ten familiären Beziehungen zwischen Vater und Söhnen.
Dennoch kommt nach der Erzählabsicht Jesu dieser Gestalt eine symbolische Funktion zu: Sie verweist auf Gott
in *einem* entscheidenden Punkt, indem sie sein Handeln an
den Sündern zeichenhaft-symbolisch aufleuchten läßt.
Gott erscheint im Symbol dieses Vaters als ein »beweg-
licher« Gott, als ein Gott, der in Bewegung ist auf den
umkehrenden Sünder zu, der ihn mit zuvorkommender
Barmherzigkeit sucht und empfängt. »Der Gott Jesu ist
ein Gott, der sich auf die Suche nach dem verlorenen Menschen macht. Eine natürliche Religiosität sieht es immer
als Aufgabe des Menschen an, Gott zu suchen (vgl.
Apg 17,27). Aber der Gott Jesu weiß, daß ihn kein Mensch
aus eigener Kraft finden kann, daß alle verloren sind, wenn
er nicht selbst die Initiative ergreift... Gottes Güte gegenüber den Verlorenen, den Sündern, den Benachteiligten, in

Not Geratenen ist unvorstellbar groß.«[10] Gott erweist sich im Symbol des Vaters als der von Güte überströmende Grund neuen, erfüllten Lebens für *alle* Menschen: für die Verlorenen fern von ihm (der jüngere Sohn) und für die Verlorenen in seiner Nähe (der ältere Sohn). Sie alle bedürfen zu einer geglückten, befreiten Existenz der zuvorkommenden Vergebung und der unverdienten Einladung zur Mahlgemeinschaft mit ihm. Jesus verkündet Gott als unendlich schöpferische Liebe, die alle Menschen wieder und wieder annimmt, ohne daß sie große, eigene Leistungen vorweisen können. Erst diese stets neue, liebende Wiederannahme durch Gott gewährt dem Menschen ein geglücktes Leben: nämlich Leben in dankbarer Freude. Daß diese Freude wirklich auch erfahren wird, dazu bedarf es wesentlich der gegenseitigen Wiederannahme der Menschen untereinander; gerade die vermeintlich Frommen und Treuen (im Symbol des älteren Sohnes) finden aus ihrer Verlorenheit nur heim, wenn sie bereit sind, ihren verlorenen Bruder *als* Bruder wiederanzusprechen (und nicht nur abfällig von »dem da, deinem Sohn« zu reden – V. 30); wenn sie ihn also mit der gleichen Güte wie der Vater (»dieser, dein Bruder«) empfangen und mit ihm das Fest der *gemeinsamen* Heimkehr feiern.

Mit diesem neuen Verständnis von Gott und von wahrhaft menschlichem Leben rechtfertigt Jesus vor den Angreifern seine anstößige Praxis der Mahlgemeinschaft mit den Verlorenen. Er trägt hier nicht eine »theologische Gotteslehre« vor, sondern er begründet *sein* Verhalten mit dem Verhalten Gottes selbst: »Weil Gott *so* ist, handle ich mit Recht so!« Aber mehr noch: Der Grund seines Handelns, Gott, kommt nicht nur hinweisend, erklärend und begründend im Gleichnis vom Vater zur Sprache, sondern im ganzen Verhalten Jesu den Zöllnern und Sündern gegenüber wird Gott wirklich *als er selbst* gegenwärtig. Der

10 Fr. J. Schierse, a. a. O. S. 92.

Grund des ungewöhnlichen Handelns Jesu ist Gott selbst, und dieser Grund kommt in seinem Tun, in seiner ganzen Praxis hier und jetzt zur Selbstdarstellung, zur Erscheinung. Gott begibt sich *in Jesus* auf die Suche nach den Verlorenen, *in Jesus* spricht Gott ihnen seine Einladung zur Mahlgemeinschaft mit ihm aus, *in Jesus* läßt Gott seine überschwengliche Güte und Barmherzigkeit den Sündern zukommen, *in Jesus* finden die Toten wieder zum Leben. Insofern tritt Jesus in seinem ganzen Tun wie auch in seiner Verkündigung als »Exeget Gottes« auf (vgl. Joh 1,18).[11] In seiner einzigartigen Gottesgewißheit weiß Jesus, wie Gott ist, und bringt deshalb Gott den Menschen zur Erfahrung. An ihm können sie ablesen, wer Gott ist und wie er handelt; denn »Jesus erscheint als jemand, der unbedingt auf das Recht der Güte und der Liebe setzt, auf die Kraft der Vergebung, das zuvorkommende Handeln, die Umkehr, die selbstlose Freude. Er erscheint als ein freier Mensch im authentischen Glauben, d. h. in restlosem Angenommensein durch Gott. Jesus ist der Exeget Gottes, insofern sein Leben ganz und im Ganzen von der Güte und Liebe bestimmt ist«.[12]

b. Gott als Liebe, deren »Reich« unter den Armen angebrochen ist

»Selig ihr Armen, denn euch gehört das Reich Gottes!« (Lk 6,20)

Es besteht kein Zweifel daran, daß die Verkündigung des »Reiches Gottes« bzw. der »Königsherrschaft Gottes« im Mittelpunkt des Wirkens Jesu stand.[13] Der Begriff war im

---

11 R. Pesch, a. a. O. S. 182 f.
12 R. Pesch, a. a. O. S. 184.
13 Vgl. zu diesem Abschnitt bes. R. Schnackenburg, Gottes Herrschaft und Reich. Freiburg[4]1965; L. Schottroff / W. Stegemann, Jesus von Nazareth – Hoffnung der Armen. Stuttgart 1978;

Judentum der damaligen Zeit als Ausdruck der umfassenden Heilshoffnung geläufig. Er stammt aus der alten prophetischen und apokalyptischen Tradition und bedeutet:
Gott wird mit seiner Liebe und seinem Recht dem Volk
Israel so gegenwärtig sein, daß dessen Zusammenleben auf
allen Ebenen von Gerechtigkeit und Frieden geprägt
wird; dies kommt besonders den Armen, den Benachteiligten im Volk zugute, die auf irgendeine Weise um die
alten Heils-Verheißungen Jahwes betrogen worden sind.[14]
»Reich Gottes« ist auch im Munde Jesu zugleich ein theo-
logischer *und* politischer Begriff: Gott richtet *sein* Recht,
seine Gerechtigkeit, *seine* neue Gesellschaftsordnung für
Israel und besonders für die Armen, Kranken, Notleidenden, Trauernden, Verachteten, Ausgestoßenen auf, so wie
Jesus sie damals in der gesellschaftlichen Realität Palästi-
nas erlebte, wie es sie aber auch zu allen Zeiten und an allen
Orten unserer Geschichte gibt.
Jesus greift hier auf alte prophetische Traditionen zurück,
die mit einer eindeutigen »Parteilichkeit« für das Recht der
Armen eintreten. Ihnen gebührt Jahwes Rechtsschutz und
Bundestreue am ehesten, denn sie sind voll und ganz darauf angewiesen und warten am sehnlichsten darauf (im
Gegensatz zu den Reichen und Mächtigen, die sich das
alles selbst beschaffen zu können meinen und nicht allzu-
viel von Gott erwarten).
Diese Hoffnung für die Armen stellt Jesus ins Zentrum
seines Lebens. Dabei gibt er ihr aber ein ganz neues, eigenes Gepräge: Er verkündet die befreiende, alles ins Recht

W. Trilling, Die Botschaft Jesu. Freiburg 1978; G. Lohfink, Wie
hat Jesus Gemeinde gewollt? Freiburg 1982; H. Merklein, Jesu
Botschaft von der Gottesherrschaft. Stuttgarter Bibelstudien 111.
Stuttgart 1983; M. Kehl, Eschatologie. Würzburg ²1988,
S. 135–155; M. Knapp, Gottes Herrschaft als Zukunft der Welt.
Würzburg 1993, S. 47–270.
14 M. Kehl, a. a. O. S. 145 ff.

setzende Gottesherrschaft als so nah herangekommen, daß sie geradezu schon da ist. Sie steht so nah bevor, daß ihre ersten Wirkungen bereits jetzt erfahren werden können – für den, der Ohren hat zu hören und der Augen hat zu sehen. Jesus erzählt nicht nur von ihr, er hofft nicht nur auf sie, sondern er proklamiert sie als unmittelbar bevorstehend, besser: hereinstehend (vgl. Mk 1,15; Lk 10,9–11).[15] Ihre Zukunft hat schon begonnen. Weil sie so nah vor der Tür steht, bestimmt sie bereits die Gegenwart als Heilszeit. So heißt es Lk 4,21: »*Heute* hat sich diese Schrift (d. h. die Prophezeiungen des Jesaja vom endgültigen Heil) erfüllt vor euren Augen!«, oder Mt 11,5: »Blinde sehen wieder, und Lahme gehen; Aussätzige werden rein, und Taube hören; Tote stehen auf, und den Armen wird das Evangelium verkündet.« Die Machttaten Jesu sind als ankündigende Zeichen des Reiches Gottes die entscheidenden »Zeichen der Zeit«, *sie* machen die Gegenwart bereits zur Zeit des Heils: »Wenn ich die Dämonen durch den Finger Gottes austreibe (d. h. in der Kraft Gottes das Böse besiege), dann ist das Reich Gottes schon zu euch gekommen« (Lk 11,20).

Diese eigenartige Spannung von Gegenwart und Zukunft zieht sich durch die ganze Verkündigung Jesu hindurch: Das *vollendete* Reich Gottes ist und bleibt zukünftig, es wird erhofft und erbeten (z. B. im Vaterunser). Aber es ist schon so nahe und so unbedingt gewiß, daß bereits die Gegenwart Erfüllung ist (Mk 1,15: »Die Zeit ist erfüllt…«). Die Nähe und die Gewißheit der Erfüllung heben die Verheißung als solche keineswegs auf, aber sie geben der Verheißung bereits den Charakter der beginnenden Erfüllung.[16] Gerade an den Seligpreisungen

15 Vgl. W. Kasper, Jesus der Christus. Mainz [11]1992, S. 86 ff.
16 Vgl. M. Theunissen, Ὁ αἰτῶν λαμβάνει. Der Gebetsglaube Jesu und die Zeitlichkeit des Christseins. In: B. Casper u. a., Jesus – Ort der Erfahrung Gottes. Freiburg 1976, S. 13–68.

(Lk 6,20 ff.) wird dies deutlich: Die Armen, Weinenden, Hungernden und Ausgestoßenen werden jetzt schon selig gepriesen – und zwar nicht nur im Hinblick auf ein fernes Jenseits, sondern für ihre Gegenwart und die nahe Zukunft, in der sie die Teilnahme am Reich Gottes bereits geschenkt bekommen. Die Liebe, die Jesus ihnen in seinen Reden und in seinen Wunderzeichen angedeihen läßt, ist das vorwegnehmende Real-Symbol der Erfüllung. Denen, die ihm nachfolgen und an ihn glauben, wird schon jetzt in der Verkündigung und in den Zeichenhandlungen Jesu (Dämonenaustreibungen, Krankenheilungen, Wunder der Brotverteilung, Mahlgemeinschaft, Sündenvergebung usw.) die Fülle des Heils zuteil.

Diese unauflösliche Verklammerung von Zukunft und Gegenwart in der Verkündigung Jesu hat ihren Grund darin, daß die Hoffnung auf das kommende Reich Gottes bei Jesus und bei denen, die ihm glauben, zur erfüllungsgewissen *Zuversicht* seines Kommens geworden ist. Jesus hat diese Zuversicht durch alle Konflikte bis zur Kreuzigung – der römischen Todesstrafe für Sklaven, für kriminelle Leute der Unterschicht und für politische Aufrührer (!) – durchgetragen.

Dies wird vor allem durch jenes Wort bezeugt, das er im Angesicht seines Todes gesprochen hat: »Amen, ich sage euch: ich werde nicht mehr von der Frucht dieses Weinstocks trinken bis zu dem Tag, an dem ich von neuem davon trinke im *Reich Gottes*« (Mk 14,25). Die Erfüllung dieser Hoffnung sieht dann allerdings ganz anders aus als erwartet: In der Gestalt des auferstandenen Gekreuzigten richtet Gott sein Reich mitten in unserer Geschichte vorwegnehmend auf.

Die Zuversicht, daß Gottes Reich und Herrschaft nahe gekommen sind, formt nun ganz entscheidend das *Gottesbild Jesu*. »Gott« ist jene Macht, die durch Jesus hier und jetzt Gerechtigkeit und Frieden gerade für die Armen in Israel und von hier ausgehend überall auf dieser Erde her-

beiführt. Die »Anderen«, also die Reichen, die sogenannten Gerechten, die Mächtigen und Gescheiten, die Cleve-
ren und Erfolgreichen, die Gesunden und »Normalen«,
werden von diesem Gott keineswegs vernachlässigt. Auch
für sie gibt es eine Möglichkeit, Gottes Nähe zu erfahren
und an seinem Reich teilzuhaben: nämlich durch die radikale *Umkehr* zur Bereitschaft, sich *alles* (gerade das Selbst-
getane!) von Gott schenken zu lassen und nicht aus sich
selbst heraus »groß« sein zu wollen. Genau dies meint die
ständig wiederholte Forderung Jesu: »Wenn ihr nicht *um-*
kehrt und wie die Kinder werdet, könnt ihr nicht in das
Reich Gottes kommen!« (Mt 18,3) Oder noch direkter:
»Wie schwer ist es für Menschen, die viel besitzen, in das
Reich Gottes zu kommen« (Mk 10,23). Nur die Umkehr,
alles als Geschenk Gottes anzusehen und es in den Dienst
seiner Liebe zu den Armen zu stellen, öffnet auch für die
»Reichen« den Weg ins Reich Gottes (vgl. das Wort Jesu
an den »reichen Jüngling«; Mk 10,21).
In dieser Umkehr gründen alle Forderungen Jesu zur
brüderlichen und schwesterlichen Liebe unter denen, die
seine Jünger sein wollen. Weil Gottes Reich so nah gekommen ist, kann das Handeln der Menschen, die diese
Nähe erfahren und sich von ihr beschenken lassen, nichts
anderes mehr sein als ein Weitergeben dieser grenzenlo-
sen Güte und Gerechtigkeit. »Seid barmherzig, wie euer
Vater barmherzig ist!« (Lk 6,36) Das Geschenk der Vergebung aller Schuld durch Gott, die Erfahrung der Nähe
seines unbedingten Willens zum Frieden und zur Gerechtigkeit kann Menschen dazu befähigen, selbst einander unendlich oft zu vergeben (vgl. Mt 18,21 f.), ihr Hab
und Gut zu verteilen (vgl. Mk 10,21.29 f.; Lk 8,1–3 u. a.)
und untereinander friedensstiftend und gerecht zu sein
(Mt 5,9.20; 7,1–5).[17] In der Kraft dieser Nähe Gottes vermag Jesus dann den ewigen Teufelskreis des »Wie du mir,

17 Vgl. G. Lohfink, a. a. O.

so ich dir« zu durchbrechen (Mt 5,38–48) und dies auch denen, die ihm nachfolgen, zuzumuten. Weil Gott mit seiner nahegekommenen Sympathie jetzt einen neuen Anfang für ein glückendes menschliches Zusammenleben gesetzt hat, können die Menschen, die sich dafür öffnen, ihr Handeln ganz aus der Kraft dieser Güte Gottes gestalten. »Wie *Gott* mir, so ich dir« – das ist das neue Leitmotiv christlicher Praxis, das die ganze Verkündigung Jesu (konzentriert in der Bergpredigt) durchzieht. Nur von daher sind solche »unmöglichen« Zumutungen wie etwa vom Hinhalten der anderen Wange oder von der Feindesliebe überhaupt zu verstehen und zu verwirklichen (Mt 5,38–48). Der nahe Gott befreit Menschen zu einer gegenseitigen Nähe, die grundsätzlich keine Grenzen und Schranken mehr kennt. Jetzt gilt nicht mehr nur das alte, von Aristoteles schon bekannte Schema des sozialen Zusammenlebens: »Gleich und gleich gesellt sich gern«, sondern die alle Schemata sprengende Einladung des Freundes, des Fremden *und* des Feindes zur umfassenden Mahlgemeinschaft, die Gott in seinem Reich anbietet (Lk 14,12–24).

Eine solche »grenzenlose« Nächstenliebe ist jedoch nicht zu verwechseln mit einer Selbstverausgabung, die meint, sie könne alle ihre seelischen und leiblichen Reserven »aufopferungsvoll« im Dienst an den anderen aufzehren und würde gerade so zu ihrem Heil beitragen. Es gibt im Einsatz für das Reich Gottes so etwas wie eine »kontraproduktive Selbstlosigkeit«, die irgendwann nichts mehr geben kann, weil sie nichts mehr zu geben hat; ihr »Ich« hat sich dann in einer geheimen Selbstverachtung aufgerieben, und das Engagement für die andern dient nur noch als Deckmantel für die eigene Leere. Demgegenüber kennt die selbstlose Liebe, die aus dem Vertrauen auf die Nähe Gottes erwächst, ein hohes Maß an Selbstachtung und Selbstliebe. Weil sie sich von Gott geliebt weiß, weil sie von ihm »angesehen« wird und deswegen ein einzigartiges »Ansehen« von ihm her erhält, bejaht sie das eigene Selbst voll und ganz, nimmt es an mit seinen Möglichkeiten und seinen Grenzen, achtet sie auf das, was ihm »gut«tut, worin sich die Liebe Gottes für es »verleiblicht« und wovon es leben kann. Darum kann sie sich dann auch im Maß dieser Selbstbejahung an andere verschenken und ihnen (nach dem Beispiel Jesu »bis zum Äußersten«) die Liebe weitergeben, die sie selbst von Gott geschenkt bekommt und in der sie ihre menschliche Identität findet. Eine solche Liebe will nicht christlicher sein als Christus selbst, der gesagt hat: »Liebe deinen Nächsten wie dich selbst« (Mt 22,39).

c. Gott als Liebe, die sich in den Tod »dahingibt«

»So sehr hat Gott die Welt geliebt, daß er seinen einzigen Sohn dahingab« (Joh 3,16).

Passion und Tod bilden nicht nur den Höhepunkt des Lebens Jesu, sondern auch den Höhepunkt seines Verhältnisses zum Vater. Hier offenbart Jesus Gott am deutlichsten in seiner unbedingten Liebe zu den Menschen.[18] Wieso? Israel hat als ganzes die Botschaft Jesu vom nahen Reich Gottes nicht angenommen; es ist auf seine Einladung hin nicht umgekehrt und ihm auf seinem Weg nicht nachgefolgt. Im Gegenteil: Seine Verkündigung von Gott und seine dementsprechende Praxis führen zu einem tiefgreifenden Konflikt mit den Verantwortlichen in Israel. Sie empfinden Jesus als eine echte Bedrohung ihres überkommenen Glaubens und sehen in

---

18 Vgl. zu diesem Abschnitt bes. H. U. v. Balthasar, Mysterium Paschale. In: J. Feiner / M. Löhrer (Hrsg.), Mysterium Salutis III/2. Einsiedeln 1969, S. 133–326; J. Moltmann, Der gekreuzigte Gott. München²1973; K. Kertelge (Hrsg.), Der Tod Jesu. Deutungen im Neuen Testament (Quaest. disp. 74). Freiburg 1976.

ihm einen »Gotteslästerer«, der sich über die von Gott selbst dem Mose und ganz Israel gegebenen Traditionen des Gesetzes, des Sabbats, des Tempels und aller Reinheitsvorschriften hinwegsetzt, ja, sich sogar darüber erhebt, wenn er z. B. sagt: »Der Menschensohn ist Herr über den Sabbat« (Mk 2,28). Jesus erkennt die zunehmende Ablehnung Israels und rechnet wohl auch von einem bestimmten Zeitpunkt an für sich mit dem Schicksal vieler Propheten, denen das Volk schon oft in der Geschichte Israels ein gewaltsames Ende bereitet hatte. Wird Gott dann dieses Volk dafür strafen? Manche Gleichnisse aus der letzten Periode seines Lebens legen dies nahe (z. B. das von den bösen Winzern, die auch den »Sohn« des Weinbergbesitzers töten und dafür von ihm bestraft werden; Mt 21,33–46).

Jedoch führt eine andere, von Jesus selbst auch schon angestoßene Sicht seines Todes darüber hinaus: Gott bleibt auch dem sich versagenden Israel gegenüber der Gott des Erbarmens und des Vergebens; ja, seine »dabeiseiende« Liebe erweist sich gerade im Leiden und Sterben Jesu auf höchste und unüberbietbare Weise. Warum? An einem zentralen Wort der Passionsüberlieferung läßt sich die Antwort am besten finden, nämlich am Begriff des »Dahingebens«, des »Auslieferns«. In den Leidensweissagungen der Evangelien kehrt dieses Wort immer wieder; z. B. Mk 9,31: »Der Menschensohn wird in die Hände der Menschen dahingegeben, und sie werden ihn töten; nach drei Tagen aber wird er auferstehen« (vgl. auch Mk 10,33; 10,45). Am Beginn der Passion heißt es dann wieder: »Die Stunde ist da: Der Menschensohn wird in die Hände der Sünder hingegeben« (Mk 14,41). Diese passive Redensform weist auf Gott als Subjekt des Handelns hin: Er ist es, der – auch schon im Alten Testament – den Gerechten den Händen der Sünder ausliefert. Um der Sünder willen und an ihrer Stelle erleidet der Gerechte (bzw. der »Gottesknecht«) Leid und Tod als immanente, letzte Konsequenz der Sünde, die an sich den Sünder selbst treffen müßte. So heißt es z. B. im sog. 4. Gottesknechtlied des Propheten Jesaja: »Er hat unsere Krankheiten getragen und unsere Schmerzen auf sich genommen. Wir meinten, er sei vom Unheil getroffen, von Gott gebeugt und geschlagen. Doch er wurde durchbohrt wegen unserer Verbrechen, wegen unserer Sünden mißhandelt. Weil die Strafe auf ihm lag, sind wir gerettet, durch seine Wunden sind wir geheilt. Wir hatten uns alle verirrt wie die Schafe, jeder ging für sich seinen Weg. Doch der Herr warf all unsere Sünden auf ihn... Der Herr fand Gefallen an seinem mißhandelten Knecht, er rettet den, der sein Leben als Sühnopfer hingab. Er wird lange leben und viele Nachkommen sehen, durch ihn setzt der Wille des Herrn sich durch... Mein Knecht ist gerecht, darum macht er viele gerecht; er nimmt ihre Schuld auf sich« (Jes 53,4–6. 10. 11 b).

Während im Alten Testament an manchen Stellen auch noch der Gedanke des strafenden und zürnenden Gottes mitschwingt, wird im Neuen Testament das *Dahingeben* des Sohnes durch den Vater als reiner Ausdruck der *Liebe* Gottes verstanden: »So sehr hat Gott die Welt geliebt, daß er seinen einzigen Sohn dahingab, damit jeder, der an ihn glaubt, nicht verlorengehe, sondern ewiges Leben habe« (Joh 3,16; vgl. Röm 4,25;8,32; 1 Kor 11,23). Gott gibt gleichsam das ihm Liebste dahin: Jesus als den Menschen, der ganz aus seiner nahen Liebe lebte, der gleichsam »voll von Gott« war und als menschliche Gestalt der vergebenden und befreienden Liebe Gottes auftrat. Diesen Menschen läßt er in die Sinnlosigkeit, die Heimatlosigkeit, die Einsamkeit, ja, die Gottverlassenheit des Kreuzestodes fallen: »Mein Gott, mein Gott, warum hast du mich verlassen?« (Mk 15,34) Er hat ihn für uns zur »Sünde« gemacht (2 Kor 5,21) – »er wurde zum Verfluchten für uns« (Gal 3,13), weil nach dem jüdischen Gesetz das am Kreuz Hingerichtetwerden als Zeichen des Fluches Gottes galt. Vor diesem Gott muß man erschrecken. Was ist das für ein seltsamer, geradezu dämonischer Gott, der so mit seinem liebsten Geschöpf umspringt? Ist das wirklich derselbe Gott, der auf der »Suche nach dem Verlorenen« ist?

Mir scheint, daß vor allem die unerschütterliche Zuversicht, mit der Jesus an *diesem* Gott auch im Tod festgehalten hat und die dann in seiner Auferstehung ihre Erfüllung, ihre Bestätigung gefunden hat, es rechtfertigt, daß das ganze Neue Testament diese Preisgabe Jesu als Tat der *Liebe* Gottes und nicht der Strafe eines zürnenden Gottes oder gar eines blinden Schicksals versteht. Denn hier offenbart sich für Jesus und die ihm Nachfolgenden derselbe Gott, den Jesus in seinem Leben verkündet hat, und zwar in einer ungeahnten Radikalität seiner Suche nach dem »*Verlorenen*«. Er macht nämlich dem sich verschließenden Volk gleichsam sein äußerstes »Angebot«: Er läßt Jesus, seinen »geliebten Sohn« (Mk 1,11), selbst zum »verlorenen Sohn« werden – aber dies nicht aus einem Nein gegenüber dem Vater (wie die Sünder, die normalen »verlorenen Söhne«), nicht aus einer Trennung von seiner Liebe, sondern aus einer tiefen Übereinstimmung zwischen Vater und Sohn. In ihr zeigt Jesus sich bereit, den »verlorenen«, sich der Liebe Gottes verschließenden Menschen bis ins Äußerste nachzugehen und am eigenen Leib die leidvolle Konsequenz dieses Sich-Verschließens auszuleiden, nämlich den ganzen Haß und die ganze Ungerechtigkeit einer gott-fernen, von der Sünde geprägten Situation. Mit diesem »Dahingegebenwerden« durch den Vater identifiziert sich Jesus ja voll und ganz; es ist zugleich Tat des Vaters und Tat des eigenen Sich-selbst-Hingebens: »Denn der Menschensohn ist nicht gekommen, um sich dienen zu lassen, sondern um zu dienen und sein Leben hinzugeben als Lösegeld für viele« (Mk 10,45). »Weil er die Seinen, die in der Welt waren, liebte, liebte er sie bis zum Äußersten« (Joh 13,1).

Das vollkommene Einverstandensein Jesu mit dem Hingabe-Willen des Vaters »für die Menschen«, die Identität seines Hingabewillens mit dem des Vaters macht seine Passion und seinen Tod als ein Geschehen der *Liebe Gottes* offenbar. Denn in der Gestalt des »Verlorenen« und am Kreuz »Verfluchten«, also des buchstäblich von Gott Verlassenen, erweist sich Gott selbst am Werk: als solidarische Liebe, die bis zum Äußersten und Fernsten ihrer selbst geht, um noch das Äußerste an Verlorenheit und Hoffnungslosigkeit zu begleiten, zu umfangen und heimzuholen. Wo das sterbende »Weizenkorn« um der anderen willen seine Gestalt verliert, wo also nichts Göttlich-Erhabenes und Menschlich-Ansehnliches mehr an ihm ist, gerade da erscheint die Liebe, die Gott selbst ist, in ihrer schönsten Gestalt: als eine Liebe, die sich nicht unberührt bewahren, sondern rettend »dabeisein« will und niemanden, auch nicht die verlassensten und verlorensten Menschen, ausschließt.[19] Diese Liebe begibt sich freiwillig in die menschliche Situation der (von eigener oder von fremder Schuld verursachten) Verlorenheit. Und diese Situation schließt auch den Tod mit ein; jenen Tod, den der »Verlorene« an sich nur als Verlassensein von Gott und den Menschen erfahren kann. Mitten in der Einsamkeit und Ausweglosigkeit eines jeden solchen Sterbens ist von nun an die gekreuzigte Liebe Gottes anwesend, um auch diese äußerste Hoffnungslosigkeit durch ihr mit-leidendes »Dabeisein« von innen her mit Liebe, mit Hoffnung auf neues Leben zu erfüllen.

Diese Erfahrung spricht sich in dem Gedicht »Christen und Heiden« von D. Bonhoeffer aus, das dieser in nationalsozialistischer Haft (21. 7. 1944) verfaßt hat und das in sehr schlichter, eindringlicher Sprache das Besondere des christlichen Gottesbildes gegenüber all den »normalen«

---

19 Vgl. H. U. v. Balthasar, Herrlichkeit. Eine theologische Ästhetik, Bd. III/2/2: Neuer Bund. Einsiedeln 1969, bes. S. 221–244; M. Kehl/W. Löser (Hrsg.), In der Fülle des Glaubens. H. U. v. Balthasar – Lesebuch. Freiburg ^{2}1981, S. 34 ff.

Gottesbildern, die wir Menschen uns machen, hervor-
hebt:[20]

Menschen gehen zu Gott in ihrer Not,
flehen um Hilfe, bitten um Glück und Brot,
um Errettung aus Krankheit, Schuld und Not.
So tun sie alle, alle, Christen und Heiden.

Menschen gehen zu Gott in Seiner Not,
finden ihn arm, geschmäht, ohne Obdach und Brot,
sehen ihn verschlungen von Sünde, Schwachheit und
    Tod.
Christen stehen bei Gott in Seinem Leiden.

Gott geht zu allen Menschen in ihrer Not,
sättigt den Leib und die Seele mit Seinem Brot,
stirbt für Christen und Heiden den Kreuzestod,
und vergibt ihnen beiden.

So eindrucksvoll dieses Gottesbild Jesu sich auch darbie-
tet, es wirft doch eine bedrängende Frage auf: Kann man
denn von diesem Gott noch sinnvollerweise erwarten, daß
er einen auch aus der Not *errettet*? Zweifellos ist das glaubende Wissen darum, daß Gottes Liebe auch im äußersten
Leid, in der tiefsten Schuld und im sinnlosesten Tod dabei
ist, bereits eine große Stärkung, um die Situation vertrau-
end anzunehmen und durchzustehen. Es gibt keine Einsamkeit mehr, in die nicht das Licht der begleitenden, mit-
leidenden Liebe Gottes hineinfiele. Dieses Licht ist nicht
das eines Blitze schleudernden Zeus, der aus einem seligen
Jenseits je nach Belieben und Willkür in eine Situation eingreift und sie mal zum Heil und mal zum Unheil zurecht-
modelt. Mit keiner anderen Macht als der seiner dabeiseienden und gerade so rettenden Liebe steht der Gott Jesu
Christi den Leidenden bei; und diese Liebe erscheint ge-

20 Aus: D. Bonhoeffer, Widerstand und Ergebung (Hrsg. E. Beth-
ge). Siebenstern TB 1. München 1966, S. 182.

genüber aller irdischen Macht und Gewalt oft so schreck-
lich ohnmächtig. Machtlos mit den Machtlosen läßt sie
sich ans Kreuz schlagen, nimmt teil an ihren Verwundun-
gen und Verzweiflungen, an ihrer Behinderung und an ihrem Ausgeliefertsein.

Jesus Christus, die gefolterte und zerschlagene Liebe Gottes, bleibt eben nicht nur in den Kreuzsymbolen unserer
Kirchen und Wohnungen, auch nicht nur in den euchari-
stischen Zeichen von Brot und Wein mitten unter uns gegenwärtig. In den unermeßlichen Leiden der Kranken und
Sterbenden, der Gequälten und Erniedrigten, auch der
ausweglos in Schuld Verstrickten ist Gott als die davon
mitbetroffene und mitverwundete Liebe zugegen. Wo immer Menschen vor Angst, vor Schuld, vor Verzweiflung,
vor Schmerz weinen und klagen und zu Gott schreien, da
ist ihr Tun immer schon begleitet und umfangen von dem
Weinen und Klagen und Schreien dieses menschlichen
Gottes Jesus von Nazaret (vgl. sein Gebet am Ölberg und
am Kreuz). Diese glaubende Gewißheit vermag dann auch
die Kraft zu verleihen, zu einer solchen Situation noch einmal ja zu sagen, sie menschlich (d. h. ohne Haß und Ver-
bitterung) anzunehmen, durchzustehen und aufzuarbei-
ten, in der dunklen, antwortlosen Finsternis auszuhalten
oder sie mit neuem Licht zu erfüllen und so ganz real zu
verändern.

Genau darin erweist sich die einzigartige »All-macht« der
in ihrem gewaltlosen Dabeisein und Mit-leiden so ohnmächtig erscheinenden Liebe Gottes: Wo jemand sich in
seiner Hoffnung und in seinem Vertrauen von ihrem
»Brot« nähren läßt, verliert jede Situation ihre letzte Heil-
losigkeit. Denn diese Liebe beschenkt die Leidenden mit
einer Kraft, die alle Mächte des Destruktiven und Negativen zu überwinden und neue Wege zu einem geglückten,
heilen Leben (vor und nach dem Tod!) zu zeigen vermag.
In diesem »kreativen« Mit-leiden der Liebe Gottes liegt
die tiefste Antwort des Glaubens auf das Problem des Lei-

dens. Dabei ist diese Sym-pathie Gottes etwas völlig anderes als eine schwache, sich alles gefallenlassende Hilflosigkeit, die in resignativem Mitleid dabeisteht, es bei einem bedauernden »Da kann man halt nichts machen« beläßt und so alles rein passiv »zuläßt«.

Im Gegenteil, wozu die mit-leidende Liebe Gottes fähig ist, zeigt sich gerade im gekreuzigten Jesus Christus: Gott leidet an unseren Leiden mit, um sie an sich selbst auszutragen und so heimzuholen in das endgültig geheilte Leben der *Auferstehung*. Nur auf diese sich selbst hineinziehenlassende Weise »will« und akzeptiert Gott die Leiden der Schöpfung; er »läßt sie zu«, nur indem er sie »an sich heranläßt« und in sein heilendes Leben hineinläßt. Wer an diesen menschlichen, mit unserem Leid zutiefst vertrauten Gott glaubt, braucht angesichts der oft so grausamen Realität unserer Welt nicht Abschied zu nehmen von seinem Glauben an den »guten Schöpfer«.

Denn dieser zeigt sich zugleich als die Macht der »Neuen Schöpfung«, die das vierte Merkmal des »Gottesbildes« Jesu ausmacht und das die Selbstoffenbarung Gottes in der Geschichte Jesu erst zu ihrer Vollendung bringt:

d. Gott als Liebe, die in der »Auferweckung« Jesu den Tod überwindet

»Christus ist von den Toten auferweckt worden als der Erste der Entschlafenen« (1 Kor 15,20).

Jesus ist am Kreuz als ein nach dem jüdischen Gesetz von Gott »Verfluchter« gestorben (vgl. Dt 21,12; Gal 3,13). Was wird nun aus seiner Verkündigung von dem nahen Gott und seinem Reich des Friedens und der Gerechtigkeit, das ja gerade in ihm seinen Anfang nehmen sollte? Die Jünger scheinen das Kreuz zunächst als ein deutliches Scheitern dieses ganzen Unternehmens aufgenommen zu haben; Gott hat eben selbst sein negatives Urteil über

Jesus gesprochen. Sie fliehen und zerstreuen sich in ihre galiläische Heimat. Aber dann begibt sich etwas Unvorhergesehenes. Aufgrund bestimmter »Erscheinungen«, die einzelnen Frauen in Jerusalem und verschiedenen Jüngern (als erstem wohl Petrus: vgl. 1 Kor 15,4; Lk 24,34) zuteil werden, beginnt auf einmal eine neue »Sammelbewegung« in Jerusalem.[21]

aa. Die »Erscheinungen« des Auferstandenen

Wie kommt es dazu? Was geschieht in diesen sog. *»Erscheinungen«*? Nun, sie werden in den biblischen Texten als »Selbstoffenbarung« des Auferstandenen dargestellt, der sich auf verschiedene Weise den Zeugen als lebend zu erfahren gibt. Dabei brauchen wir uns diese Erfahrungen nicht notwendig als eine sinnlich-empirische Wahrnehmung Jesu vorzustellen (so als ob Jesus genauso wie vor seinem Tod z. B. als Zwölfter plötzlich am Tisch saß o. ä.). Viele Osterberichte erwecken allerdings genau diesen Eindruck. Wie sind sie zu verstehen? Sicher kann man diese fast 2000 Jahre alten Texte, die aus einem völlig anderen Kulturkreis stammen, nicht einfach so lesen wie Erzählungen aus unserer Zeit. Wir müssen sie von ihrer damaligen Aussageabsicht und ihrer damals üblichen literarischen Form her verstehen. Dann wird z. B. gerade bei Lukas deutlich, daß er gegenüber einem hellenistisch geprägten Leserkreis vor allem die *Realität* dieser Erfahrungen betonen wollte (daß hier also keine Phantasie, kein eingebildetes »Gespenstersehen« am Werk ist – vgl. Lk 24,37.39). Er tut dies, indem er ganz massiv (gegenüber

21 Zu diesem Abschnitt: G. Lohfink, Der Ablauf der Osterereignisse und die Anfänge der Urgemeinde. In: Th Q 160 (1980), S. 162–176; M. Kehl, Eucharistie und Auferstehung. In: Geist und Leben 43 (1970), S. 90–125; G. Greshake / G. Lohfink, Naherwartung – Auferstehung – Unsterblichkeit. Freiburg [4]1982; H. Kessler, Sucht den Lebenden nicht bei den Toten. Düsseldorf [3]1995.

den geister- und dämonengläubigen Hellenisten) auf die Leibhaftigkeit Jesu hinweist, so als ob er einfach (wie ein Wiederbelebter) in die irdische Daseinsweise zurückgekehrt sei und genauso leben würde wie vorher. Wenn man das wirklich buchstäblich verstehen wollte, wie paßt dann dazu, daß er trotz verschlossener Türen bei ihnen ist, daß ihn die Jünger nicht erkennen (z. B. auf dem Weg nach Emmaus) oder ihn für einen »Geist« halten oder dauernd zweifeln und nicht glauben wollen? Auch die Annahme eines »verklärten« oder sonstwie veränderten Leibes hilft nicht viel weiter; denn davon ist in diesen Texten nirgendwo die Rede. Die einleuchtendste Erklärung bleibt: Die Texte wollen mit den Mitteln damaliger Erzählungen sowohl die unleugbare, ihnen von außen begegnende *Realität* des auferstandenen Jesus von Nazaret bekunden wie auch seine völlige *Andersheit* gegenüber früher. *Wie* sie diese neue und einzigartige Wirklichkeit des Auferstandenen erfahren haben, ist für uns heute kaum mehr auszumachen.

Es mögen durchaus auch *Visionen* eine Rolle gespielt haben; also Erlebnisse, die außerhalb der normalen sinnlichen Erkenntnis liegen und ihren Grund sowohl in einer außergewöhnlichen, rezeptiven seelischen Wahrnehmungsfähigkeit wie auch in einer produktiven seelischen Vorstellungskraft haben.[22] D. h. die Wirklichkeit des Auferstandenen tritt durchaus von ihr selbst her, als Selbstoffenbarung in die seelische Erfahrung der Zeugen ein, die diese Begegnung notwendig mit Hilfe ihres eigenen, bereits vorhandenen seelischen Bild- und Vorstellungsmaterials wahrnehmen. Das offenbarende Handeln Gottes *und* die psychologische Erkenntnisfähigkeit des Menschen (gerade auch seines Unbewußten) schließen sich keineswegs aus. Da das visionäre Erkennen durchaus eine reale

22 Vgl. G. Lohfink, Der Ablauf der Osterereignisse und die Anfänge der Urgemeinde, a. a. O. S. 165 ff.

menschliche Möglichkeit ist, die sich auf einer breiten Ebene glaubwürdiger (inner- wie außerreligiöser) Zeugnisse manifestiert, kann dies durchaus eine Weise sein, in der der Auferstandene sich den Zeugen zu erfahren gibt. Es ist dann zwar eine »außergewöhnliche«, d. h. die normale, alltägliche Sinneserkenntnis übersteigende, aber keineswegs eine »übernatürliche«, d. h. die menschlichen Erfahrungsmöglichkeiten ganz und gar übersteigende und »direkt« auf Gott verweisende Wahrnehmung. Nein, auch solche Visionen sind ganz und gar *menschliche* Weisen des seelischen Erkennens (es gibt sie ja auch völlig außerhalb jeden religiösen Zusammenhangs), die zwar aus der normalen sinnlich-seelischen Erfahrungswelt der meisten Menschen herausfallen und bisher auch kaum erforscht sind, die aber grundsätzlich auf der gleichen Ebene wie andere menschliche Erfahrungen liegen und deswegen auch wie diese zu einer möglichen *Vermittlung* der Selbstoffenbarung Gottes bzw. des Auferstandenen werden können. Als solche Vermittlungen teilen auch Visionen den sonstigen »Gleichnis«- und »Zeichen«-Charakter unserer Wirklichkeit Gott gegenüber; auch in ihnen tritt Gott bzw. der in sein Leben aufgenommene Jesus Christus nicht »unmittelbar« und »direkt« als ein Gegenstand in unsere Erkenntnis ein. Nein, auch Visionen als mögliche Zeichen des sich offenbarenden Gottes heben seine Verborgenheit und Unbegreiflichkeit nicht auf; auch sie erfordern den *Glauben*, daß sich in ihnen Gott (und nicht nur meine Einbildung) kundgibt. Die zahlreichen visionären und ekstatischen Phänomene der Urkirche sprechen durchaus dafür, daß die Begegnungen mit dem Auferstandenen sich *auch* (nicht nur!) auf diese Weise ereignet haben mögen.

Daneben wird es aber auch ganz andere, mehr »sinnenfällige« und unserer normalen Alltagswelt zugehörende Erfahrungen gegeben haben, in denen die Zeugen ein »Zeichen« des Auferstandenen glaubend wahrnehmen konnten. Drei solcher Zeichen spielen eine besondere Rolle (besonders bei Lukas und Johannes): nämlich das gemeinsame *Mahl*, das neue Verständnis der *Schrift* des Alten Bundes und die *Sendung* zu den anderen.

Im *Mahl* erfahren die Freunde Jesu das unerwartete, von Jesus selbst gewirkte Geschenk einer neuen Sammlung zur Gemeinschaft der Glaubenden. Was Jesus ihnen verheißen hat, erfüllt sich ihnen jetzt beim österlichen Mahlhalten: »Wo zwei oder drei in meinem Namen versammelt sind, da bin ich *mitten unter ihnen*« (Mt 18,20) – nicht mehr in seiner irdischen (im Tod aufgehobenen) Leiblichkeit, sondern in seiner neuen, vom Geist Gottes gewirkten Lebendigkeit. So wird die Mahlgemeinschaft, in der die Glaubenden zum Gedächtnis Jesu von neuem das Brot brechen und den Kelch teilen, selbst zum »vermittelnden« Zeichen seiner neuen Gegenwart »mitten« unter ihnen (vgl. die Pointe der Emmausgeschichte Lk 24,30 f.). Wie das Mahl (gerade mit den Sündern) bereits vom irdischen Jesus als Zeichen des nahenden Reiches Gottes und – im Abendmahl – als Zeichen des Neuen Bundes gebraucht wurde, so dient es ihm jetzt als Zeichen seiner den Tod und jeden Haß überwindenden Liebe, die die Menschen zu einem einzigen Volk Gottes versammeln will. Im Feiern dieses Mahles erfahren die Jünger deswegen auch gerade die friedensstiftende und vergebende Macht der gekreuzigten und auferstandenen Liebe Jesu Christi (vgl. Joh 20,19 ff.). Die daraus erwachsene Eucharistie der Kirche ist somit ganz und gar ein »Sakrament des Auferstandenen«: In ihr »erscheint« er auch heute noch – versammelnd und versöhnend – »in unserer Mitte« – da, wo wir die Türen unserer Räume und unserer Herzen nicht völlig vor ihm verschließen.

Mit dieser neuen Erfahrung des Mahlhaltens verbindet sich (besonders nach Lukas) bei den ersten Zeugen des Auferstandenen ein neues Verständnis der *Schriften des*

110

Alten Bundes: Aufgrund der Deutung durch den lebendigen Geist des Auferstandenen verstehen sie auf einmal, wie alle Schriften auf Jesus hinweisen, wie sie sein Leiden, Sterben und Auferstehen verheißen und wie das so unverständliche Geschick dieses Menschen ganz in der Linie der von Gott geführten Geschichte seines Volkes liegt: »Mußte nicht der Messias all das erleiden, um so in seine Herrlichkeit zu gelangen?« (Lk 24,26; vgl. auch V. 44 ff.)

Den äußeren Anstoß zu diesem Verständnis mag (wie bei Emmaus) ein fremder, unbekannter Wanderer gegeben haben, in dessen deutendem Wort sie die Stimme des lebendigen Christus erkannt haben. Auf jeden Fall entspringt diese neue Einsicht in den »schriftgemäßen« und somit gottgewollten Verlauf der Ereignisse um Jesus nicht einfach dem eigenen angestrengten Nachdenken über die Heilige Schrift. Sie wird vielmehr von den Jüngern als ein unableitbares *Geschenk* erfahren, das ihnen der auferstandene Jesus selbst macht und in dem er sich – auch für uns heute noch – als lebendig erweist.

Dieses Geschenk aber ist ihnen nicht gegeben, um es für sich selbst zu hüten und zu pflegen. Nein, diese neue Gegenwart Jesu sprengt die aus Angst verschlossenen Türen auf, sie *sendet* die Versammelten hinaus, um diese Botschaft allen zu *verkünden* und sie zur umfassenden Mahlgemeinschaft mit dem Auferstandenen (= zum »neuen Volk Gottes«, zur Kirche) zu *versammeln*. Die Erfahrung, vom Herrn zur Verkündigung gesendet zu sein, ist die eigentliche Pointe vieler Erscheinungsberichte, ob es sich nun mehr um eine Sendung innerhalb des Jüngerkreises handelt (z. B. der Frauen zu den Jüngern: Mk 16,7; Mt 28,7.10; Lk 24,9 f.; Joh 20,17 f.; der Jünger untereinander: Lk 24,33 ff.) oder um die universale Sendung »zu den anderen« (Mt 28,18 f.; Lk 24,46 ff.; Joh 20,21 ff.; Apg 1,8).

Dieses neue, ganz unerwartete und nicht aus den »Tiefen« ihrer eigenen Seele plötzlich aufsteigende Wissen, »gesendet zu sein«, wird für die Zeugen ein entscheidendes Zeichen des auferstandenen Christus; erfahren sie es doch als einen unausweichlichen, drängenden *Auftrag*, der ihnen »von außen«, von dem auf neue Weise lebendigen Herrn, zukommt. Auch dieses Zeichen ist uns heute noch zugänglich: Wo wir unseren Glauben nicht als einen kostbaren Schatz für uns selbst hegen, sondern als verpflichtendes Geschenk für alle Menschen verstehen und wie die Jünger damals bezeugen: »Wir können unmöglich von dem schweigen, was wir gesehen und gehört haben« (Apg 4,20) – da »erscheint« auch uns der auferstandene Herr als jene lebenspendende Kraft, die alles in die endgültige Versöhnung des Reiches Gottes einsammeln will.

bb. Der Inhalt der Ostererfahrungen

Noch in vielen anderen vermittelnden Zeichen hat sich der Auferstandene den ersten Zeugen kundgetan (z. B. die Begegnung Maria Magdalenas mit einem Menschen, den sie für den Gärtner hielt – Joh 20,11–18; oder die Beauftragung des Petrus zum Hirtendienst über die Gemeinde – Joh 21,15–23 usw.). Wir brauchen hier nicht auf alle einzugehen. Wichtiger ist für uns jetzt die Frage: Was ist denn der *eigentliche Inhalt*, der in all diesen Zeichen zur Sprache kommt? Nicht nur das »*Wie*« (eben die Erscheinungen), sondern mehr noch das »*Was*« macht die Bedeutung dieser Ostererfahrungen aus. Nun, in diesen Erscheinungen offenbart sich die ganze »Wahrheit« Jesu und seines Geschicks. »Wer ist dieser?« – diese Frage der Leute hat das Leben Jesu begleitet und ist angesichts seines Todes zu *der* Existenzfrage seiner Freunde geworden. Ist er doch nur ein gescheiterter religiöser Scharlatan? Ist er gar ein von Gott verlassener Verbrecher und Gotteslästerer, als der er ja hingerichtet wurde? Oder ist er doch der bevollmächtigte Gesandte Gottes? Diese quälende Frage wird für die Zeugen in den »Erscheinungen« endgültig beantwortet: Gott selbst hat – entgegen dem ersten Anschein – den gekreuzigten Jesus von Nazaret in sein Leben aufgenommen und somit als »Gerechten«, als seinen »Sohn« bestätigt. Gott steht zu diesem (nur scheinbar) »Verfluchten« und seinem Sendungsanspruch. Und deswegen gilt auch von Gott her das, was Jesus versprochen und unlösbar mit seiner Person verknüpft hat: Das Reich Gottes steht unmittelbar bevor, und die vorbehaltlose Nachfolge um dieses Reiches Gottes willen ist die einzig angemessene Antwort der Menschen. Gott selbst löst dieses Versprechen Jesu jetzt ein, indem er den um dieses Reiches willen Gekreuzigten *auferweckt* und ihn durch seine »Erscheinungen« in die Geschichte hineinwirken läßt. Diese Tat wird zu einem der wichtigsten *Gottes-Prädikate* im Neuen Testament: »Der Jesus von den Toten auferweckt hat«.

Vornehmlich in diesem Begriff der »Auferweckung«, der aus der jüdischen Apokalyptik stammt[23], spricht sich die neue Erfahrung aus, die die ersten Zeugen mit Jesus nach seinem Tod machen. Damit ist zweifellos nicht ein Rück-

23 Unter »Apokalyptik« wird eine bestimmte theologische Hoffnungsweise Israels verstanden, die sich in den letzten drei Jahrhunderten vor Christus in dem von den Nachfolgern Alexanders des Großen unterdrückten Volk gebildet hat und die auf ein völlig neues Eingreifen Gottes hofft: Gott wird in Kürze diesen durch die Sünde total verdorbenen »Äon« vernichten und einen »neuen Himmel und eine neue Erde« schaffen. In diesem »neuen Äon« werden die verstorbenen Gerechten von Gott auferweckt werden. Diese Hoffnung lebte zur Zeit Jesu besonders bei den revolutionären Zeloten (den Nachfolgern der Makkabäer) und bei den gesetzesfrommen Pharisäern (den Nachfolgern der Hasidäer). Jesus selbst steht mit seiner Verkündigung vom nahen Reich Gottes durchaus in diesem apokalyptischen Horizont; zugleich sprengt er ihn aber auch, indem er eben den Anbruch dieses »neuen Äons« bereits *jetzt*, mitten im »alten Äon« (und nicht erst nach seiner Zerstörung), ansagt. Vgl. dazu Abschnitt b.

ruf ins irdische (und damit auch wieder sterbliche) Leben gemeint (wie z. B. bei der Tochter des Jairus oder beim Jüngling von Naim), sondern der »Aufgang des toten Jesus Christus in die Lebensmacht Gottes«[24], in der er dem Tod endgültig entnommen ist. Genau dies erhofften die frommen Juden seiner Zeit an sich von *allen* Gerechten am Ende dieser Zeit, eben am »Jüngsten Tag«. Gott aber hat dieses endzeitliche Geschehen nun bereits an dem *einen* Jesus von Nazaret vorweggewirkt: Er ist der »Erste der Entschlafenen«, der auferweckt wird (1 Kor. 15,20), der Anfang der »neuen Schöpfung« (vgl. 2 Kor 5,17), das »Ja und Amen« aller Verheißungen Gottes (2 Kor 1,20). Deswegen hat in ihm die Endzeit wirklich begonnen. In seiner Auferstehung ist der Grund gelegt, daß jetzt alle, die auf seinen Weg eingeschwenkt sind und »zu ihm gehören« (1 Kor 15,23), auch auferweckt werden und Anteil bekommen an der Neuen Welt Gottes. Von daher weiß sich die junge Gemeinde der Christen auch zu einer drängenden Sendung berufen. Weil die Vollendung der Geschichte in Jesus Christus bereits eingesetzt hat und das allgemeine Ende nicht mehr lange auf sich warten lassen kann, will Gott sich jetzt – gleichsam in einer letzten geschichtlichen Aktion – das Volk seines neuen, endgültigen Bundes sammeln, unter dem er sein Reich der Gerechtigkeit und des Friedens aufrichten kann. Genau das ist die »Frohe Botschaft« der ersten Zeugen. Darum muß Israel (und von ihm aus alle Völker) schleunigst zur Umkehr auf den Weg Jesu bewegt werden, damit Gott am Tag des Gerichts ein bereites Volk für sein Reich findet. Die missionarische Sammlung zur Kirche hat in der Auferstehungserfahrung und in der damit verbundenen Endzeiterwartung ihren tiefsten Grund.

24 H. Schlier, Über die Auferstehung Jesu Christi. Einsiedeln 1968, S. 26.

cc. Der totenerweckende Gott

Wie aber wird in diesem Geschehen etwas von *Gott* offenbar? Sicher beansprucht die apokalyptische Naherwartung des bevorstehenden Endes der Geschichte für uns heute nicht mehr in dieser Form ihre Geltung. Dennoch zeigt sich in den (bleibend möglichen) Begegnungen mit dem Auferstandenen auch für uns heute noch der Gott Jesu Christi erst im vollen Sinn als *unbedingt verläßliche Treue*, die auf ihre Weise stärker ist als jede Macht der Welt, einschließlich des Todes.

Das mit-leidende und mit-sterbende Dabeisein Jesu bei den »Verlorenen« endet nicht in der alles vernichtenden Leere des Todes; es findet vielmehr sein Ziel darin, daß dieser Mensch endgültig und mit seiner ganzen Geschichte eingeborgen ist in einem Leben, das unsere Abgründe noch einmal umfängt und jedes noch so tiefe Fallen in die Gräber unserer Schuld und unseres Todes auffängt.

> »Ein Grab greift
> tiefer
> als die Gräber
> gruben,
>
> denn ungeheuer
> ist der Vorsprung Tod.
>
> Am tiefsten
> greift
> das Grab, das selbst
> den Tod begrub,
>
> denn ungeheuer
> ist der Vorsprung Leben.«   *Kurt Marti*

Dieser »ungeheure Vorsprung« des Lebens erweist den totenerweckenden Gott zugleich als *endgültig vollendende Liebe*. Was heißt das? »Auferweckung von den Toten«

meint nicht eine von Gott dem irdischen Leben ange-
hängte (mehr oder weniger) großartige »Belohnung« oder
einfach ein automatisch allen zuteil werdendes »Weiter-
leben« auf einer höheren (»himmlisch-jenseitigen«)
Ebene, die mit dem irdischen Leben nicht mehr viel zu tun
hat.[25] Nein, sie ist die offenbare und unangefochtene (bild-
lich gesprochen: »von Angesicht zu Angesicht«) Begegnung mit der Fülle der Liebe Gottes. Und diese Begegnung erweist sich für uns als die geschenkte Vollendung
unserer *hier* gelebten Lebensgeschichte, in der *diese* (und
nichts anderes) in einer endgültigen und ganz geglückten
Gestalt im Leben Gottes »*aufgehoben*« ist. Jesus ist als der
Auferweckte nicht ein himmlisches Wesen geworden, das
sein irdisches Geschick möglichst schnell und vollständig
abgelegt hätte. Er ist in Ewigkeit »das geschlachtete
Lamm«, wie die Offenbarung des Johannes sagt (Offb
5,6.12); d. h. er ist gerade als der Gekreuzigte der von Gott
erhobene und auf-gehobene Mensch, an dem deswegen
auch alles Menschlich-Gültige von nun an sein Maß nehmen muß. Wer in seinem Leben diesem Maßstab ehrlich
zu entsprechen versucht, darf zuversichtlich darauf hoffen, daß er auch Anteil bekommt an dem endgültigen
»Aufgehobensein« Jesu bei Gott. Dabei schließt dieses
»Aufheben« unserer menschlichen Geschichte durch Gott
drei Momente ein:
1. Alles, was im Leben für das Reich Gottes bedeutsam ist,
also im Grunde alles, was von uns in vertrauender Hoffnung und in tätiger Liebe gerade zugunsten der Armen,
der geringsten Brüder und Schwestern Jesu ertragen und
getan wird, bleibt »erhalten« (aufheben = bewahren). Es

25 Vgl. K. Rahner, Dogmatische Fragen zur Osterfrömmigkeit.
   In: Schriften zur Theologie IV. Einsiedeln [5]1967, S. 157–172;
   G. Lohfink, Was kommt nach dem Tod? In: G. Greshake/
   G. Lohfink, Naherwartung – Auferstehung – Unsterblichkeit,
   a. a. O. S. 208–223; M. Kehl, Eschatologie, a. a. O. S. 230–251.

allein behält Geltung auch über den Tod hinaus; und zwar
für den Verstorbenen selbst macht es seine bleibende Identität bei Gott aus, und für die noch Lebenden ist es die
unzerstörbare Basis, auf der sie weiter an der Gestaltwer-
dung des Reiches Gottes unter uns bauen können.

2. Alles, was in diese Identität nicht integrierbar ist, also das
Sündige, Sich-Gott-Verschließende in unserem Leben,
wird »hinweggenommen« in die richtend-vergebende
Liebe Gottes hinein (aufheben = außer Kraft setzen).
Nicht als ob es in diesem »Gericht« einfach »annulliert«
und sich in Luft auflösen würde; es gehört unaufhebbar
zur Geschichte und Identität eines Menschen. Aber im Leben der Auferstehung bestimmt es nur noch als »verge-
bene«, in die Liebe Gottes eingeborgene und so von uns
»aufgearbeitete« Schuld unsere Identität und nicht mehr
als »vergebliches« Verfehlen unserer Menschlichkeit.

3. Dieser so von Gott aufgenommene Mensch bekommt
darin eine endgültig gelungene und geglückte Gestalt, die
dem Wechsel von Raum und Zeit enthoben und von aller
damit gegebenen schmerzlichen Gebrochenheit befreit ist.
In dieser neuen Gestalt finden die oft so auseinanderstre-
benden Linien seines Lebens endlich zusammen zu einer
einheitlichen, den Lebenssinn dieses Menschen ganz erfül-
lenden Identität (aufheben = emporheben). Ein Mensch
findet erst ganz da sich selbst, wo er endgültig zu Gott
hingefunden hat. In der traditionellen Glaubenssprache
heißt dies: »Heil« oder »verklärtes Dasein« oder »Himmel«.

Daß diese Vollendung nicht jedem einzelnen Individuum
für sich geschenkt wird, sondern nur in der *Gemeinschaft
der Vollendeten* (»communio sanctorum«), ja der ganzen
Schöpfung, das ist selbstverständlich. Denn das »Reich«
Gottes wird immer nur getragen von einem entsprechenden »Volk« Gottes, dessen gemeinschaftliches und gesell-
schaftliches Zusammenleben immer stärker von der Liebe
Gottes geprägt werden soll. In der »Auferstehung der To-

ten« erhoffen wir genau die Vollendung dieses Reiches Gottes und seines Trägers, des Volkes Gottes. Als »Erster der Entschlafenen« legt Jesus den Grundstein für dieses vollendete Reich Gottes, welches das letzte Buch des Neuen Testaments (die sog. »Offenbarung des Johannes«) auch als »Neue Stadt«, als »Neues Jerusalem«, als »Neuen Himmel und Neue Erde« herbeisehnt. Das bedeutet: Auferstehung von den Toten ist immer ein *soziales* Geschehen, das die ganze Wirklichkeit menschlicher Geschichte, menschlicher Beziehungen (vgl. die gebräuchliche Rede vom »Wiedersehen« im Himmel) und menschlicher Lebenswelt einschließt (»denn ihre Werke begleiten sie«, Offb 14,13).

Dazu gehört auch die natürliche und die kulturell gestaltete Umwelt; sie ist auf ihre Weise zur Teilhabe an dieser Vollendung berufen; denn als »neue *Schöpfung*« bezieht sie notwendig den Kosmos mit ein. »Auch die Schöpfung soll ja von der Sklaverei und Verlorenheit befreit werden zur Freiheit und Herrlichkeit der Kinder Gottes« (Röm 8,21). Natürlich können die nicht-menschlichen Elemente dieser Welt (also z. B. Tiere, Pflanzen, Steine und sonstige Materie, oder auch die künstlerischen oder technischen Werke des Menschen) nicht so »in sich« aufgehoben und vollendet werden wie die Menschen selbst; denn sie können sich ja nicht in Freiheit der Liebe Gottes öffnen und von daher ihre neue, endgültige, Raum und Zeit enthobene Identität geschenkt bekommen. Wohl aber werden sie *in ihrer Bezogenheit* auf den Menschen und seinen Dienst am Reich Gottes mit-vollendet. Immer da, wo die »Dinge« dieser Schöpfung von uns in einer menschen- und allen Geschöpfen würdigen Lebenswelt bewahrt bzw. »hineinverwandelt« werden, wo sie also in verantwortlicher »Sympathie« vom Menschen bejaht und auf die verheißene Gestalt des Reiches Gottes hin ausgerichtet werden, haben sie bereits auf ihre Weise teil an der »Freiheit der Kinder Gottes«, eben an ihrem Vertrauen, an ihrer Hoffnung, an ihrer Liebe. Und im Maße dieses Anteilhabens werden auch sie in der vollendeten Gestalt des Reiches Gottes »aufgehoben« sein.[26] Diese Gestalt ist dann identisch mit der allseits »versöhnten Schöpfung«, in der »Gott alles in allem ist« (1 Kor 15,28), weil seine Liebe und seine Gerechtigkeit eben dann in allem bestimmend sind. Als diese endgültig und universal vollendete Liebe offenbart sich Gott vorweggreifend in der Auferweckung Jesu. »Verschlungen ist der Tod vom Sieg. Tod, wo ist dein Sieg? Tod, wo ist dein Stachel?« (1 Kor 15,54 f.). In der Überwindung dieses *einen* Todes werden *alle* Versprechen der Geschichte auf Heil und Vollendung so unwiderruflich bestätigt, daß wir in Zuversicht auf ihre *alle* Tode überwindende Erfüllung hoffen dürfen.

3. Die »Geistes-Gegenwart« Gottes

a. Die Gabe des Geistes

Wie ist uns diese Zuversicht der Hoffnung heute überhaupt noch möglich? Die Jünger damals hatten schließlich eine unmittelbare Erfahrung Jesu, seines neuen Lebens

---

26 Um ein einfaches Beispiel zu nennen: Wenn ein Kind fragt, ob sein Hund oder sein Spielzeug, an denen es hängt, auch in den Himmel kommen können, so läßt sich darauf durchaus mit Ja antworten. Vorausgesetzt eben, daß die Beziehung zu einem Tier oder den Dingen einen Menschen befreit zu größerer Lebensfreude, zu mehr Vertrauen und Hoffnung und Liebe, ja, zu einem sensibleren und sympathischeren Umgang mit unserer Wirklichkeit überhaupt. Dies alles ist ja keineswegs gleichgültig für das Reich Gottes! *Wie* der einzelne Mensch dann in seiner Vollendung diese Beziehung zu Tieren oder Pflanzen oder Dingen erfahren wird, bleibt uns jetzt notwendigerweise verborgen. Jedenfalls bildet auch diese Erfahrung eine Facette des unerschöpflichen Reichtums der Liebe Gottes und damit ein Moment der endgültig glückenden Identität des Menschen.

und der davon ausgehenden Verheißung! Bleibt uns statt dessen nur noch die Erinnerung, in der wir uns (mit Hilfe der Bibel) auf ihn zurückbesinnen und so das Andenken an ihn und seine »Sache« unter uns möglichst lebendig halten? So etwa, wie wenn heute begeisterte Anhänger des Sokrates oder des Zarathustra seine Ideen und Ideale nicht der Vergessenheit anheimgeben, sondern sie immer neu zum bestimmenden Lebensprogramm werden lassen? Wenn unsere Beziehung zu dem Gott Jesu Christi nur in der Art solcher geschichtlicher Neubelebung geschähe, dann bliebe Jesus – und mit ihm der Gott, den er offenbart hat – lediglich ein Stück Geschichte, das vielleicht als besonders vorbildlich hervorgehoben werden könnte, das aber keine endgültige und für alle Zeiten maßgebliche Bedeutung mehr beanspruchen dürfte. Jesus und sein Gott wären dann nivelliert zu einer der vielen Heilsbotschaften, die ständig in der Geschichte der Menschen aufgetaucht sind und deren man sich immer wieder mal zu »Nutz und Frommen« erinnert.

Demgegenüber hält der christliche Glaube an der *Einzigartigkeit* der Selbstoffenbarung Gottes in Jesus Christus fest; und zwar sowohl was den Inhalt (s. o.) wie auch die bleibende *Bedeutsamkeit* betrifft. Wir glauben, daß durch die Auferweckung Jesu von den Toten diese verläßliche und vollendende Liebe Gottes noch mitten unter uns am Werk ist, daß sie uns auch heute noch »an-geht«. Sie hat sich mit der »Himmelfahrt Jesu« nicht von dieser Erde gleichsam wieder zurückgezogen und uns mit der schwachen Kraft unserer Erinnerung und unseres Engagements für ihre »Sache« allein gelassen. Nein, auf neue Weise ist sie in der ganzen Macht ihrer heilenden und befreienden Wirksamkeit auf dieser Erde geblieben. Das Neue Testament nennt dies den »Heiligen Geist«: »Die Liebe Gottes ist ausgegossen in unsere Herzen durch den Heiligen Geist, der uns gegeben ist« (Röm 5,5). Der »Heilige Geist« ist genau die Gegenwartsgestalt jener Liebe Gottes, die in

Jesus Christus Mensch geworden, die in ihm den Verlorenen nachgegangen ist, die ihn bis in die letzte Verlassenheit
des Todes begleitet hat, die ihn aber aus diesem Tod errettet und damit für alle den Weg zur Vollendung geöffnet
hat. Als diese befreiende, lebenschaffende »Kraft der Auferstehung« wird der Heilige Geist seit dem ersten Jerusale-
mer Pfingstfest (vgl. das 2. Kapitel der Apostelgeschichte)
zu allen Zeiten denen geschenkt, die sich der Liebe Gottes
nicht von sich aus verschließen. In ihm bleibt die gekreuzigte und auferstandene Liebe Gottes »bei uns«; deswegen
nennt ihn auch das Johannesevangelium mit Vorliebe den
neuen »*Beistand*«, den der Vater uns im Namen Jesu
schickt (vgl. Joh 14,16.26; 15,26;16,7 u. a.).[27]
Dieser Heilige Geist wird nun nicht einfach verschiedenen
frommen Leuten jeweils einzeln und für sich geschenkt;
nein, vom ersten Pfingstfest an erweist er sich als *versam-
melnder* Geist der Liebe. Er wird über die ganze Ver-
sammlung der Jünger ausgegossen und ist seitdem als die
das neue Volk Gottes sammelnde und einende Kraft wirksam. Gerade weil dieser Geist Gottes nicht nur (wie im
Alten Testament) einzelnen auserwählten Königen, Propheten und Sehern, sondern dem *ganzen* Volk Gottes geschenkt wird, darum konnte in der ersten Christengemeinde das Bewußtsein sich verstärken, daß jetzt die im
Alten Testament verheißene Endzeit wirklich angebrochen ist und Gott sich jetzt sein neues Volk für die Aufrichtung des Reiches Gottes sammelt. So bezieht Petrus in
seiner Pfingstrede gerade die alte Verheißung des Prophe-

27 Vgl. H. Mühlen, Der Heilige Geist als Person. Münster 1963;
    H. U. v. Balthasar, Spiritus Creator. Skizzen zur Theologie III.
    Einsiedeln 1967; C. Heitmann / H. Mühlen (Hrsg.), Erfahrung
    und Theologie des Heiligen Geistes. Hamburg-München 1974;
    W. Kasper (Hrsg.), Gegenwart des Geistes. Aspekte der Pneu-
    matologie (Quaest. disp. 85). Freiburg 1979; Y. Congar, Der
    Heilige Geist. Freiburg 1982.

ten Joel auf das gegenwärtige Geschehen der Geistsen-
dung:

»In den letzten Tagen wird es geschehen, so spricht Gott:
Ich werde von meinem Geist ausgießen über alles Fleisch.
Eure Söhne und eure Töchter werden Propheten sein, eure
jungen Männer werden Visionen haben, und eure Alten
werden Träume haben. Auch über meine Knechte und
Mägde werde ich von meinem Geist ausgießen in jenen
Tagen, und sie werden Propheten sein.« (Apg 2,17f.)

In diesem Heiligen Geist, der nach Ostern die Gemeinschaft der Glaubenden sammelt und beseelt, ist uns heute
ein realer *Zugang* zu Gott eröffnet. Unsere Begegnung mit
jener unbedingten Liebe, die in Jesus Christus am Werk
war, geschieht nicht einfach aus der Kraft *unserer* Erinnerung oder *unseres* festen Vertrauen-wollens heraus, sondern wird ermöglicht durch die Liebe Gottes selbst, die als
»Heiliger Geist« in uns und unter uns am Werk ist. Sie ist
gleichsam die »innerste« Seele unserer »Erinnerung«, in
der wir die Beziehung zu dem Gott Jesu Christi immer neu
knüpfen können:

»Atme in mir, du Heiliger Geist, daß ich Heiliges denke.
Treibe mich, du Heiliger Geist, daß ich Heiliges tue.
Locke mich, du Heiliger Geist, daß ich Heiliges liebe.
Stärke mich, du Heiliger Geist, daß ich Heiliges hüte.
Hüte mich, du Heiliger Geist, daß ich das Heilige
nimmer verliere.«

Augustinus

b. Die Erfahrung des Geistes

Können wir dieses Wirken des Geistes, sein »Atmen«,
»Treiben«, »Locken«, »Stärken« und »Hüten« noch konkreter beschreiben? Wie kommt er in unserer Erfahrung
vor? Mit dem Heiligen Geist verbinden wir ja meist nur
sehr vage Vorstellungen; seine Gegenwart kommt uns so

abstrakt und unwirklich vor, daß wir mit ihm als dem eigentlichen »Medium« unserer Begegnung mit Gott herzlich wenig anfangen können.

Um diese vermittelnde Kraft des Geistes etwas zu veranschaulichen, greifen wir auf zwei zentrale Stellen aus den Paulusbriefen zurück:

»Weil ihr aber Söhne (und Töchter) seid, sandte Gott den Geist seines Sohnes in unser Herz, den Geist, der ruft: Abba, Vater. Daher bist du nicht mehr Sklave, sondern Sohn; bist du aber Sohn, dann auch Erbe, Erbe durch Gott« (Gal 4,6 f.).

»Denn ihr habt nicht einen Geist empfangen, der euch zu Sklaven macht, so daß ihr euch immer noch fürchten müßtet, sondern ihr habt den Geist empfangen, der euch zu Söhnen (und Töchtern) macht, den Geist, in dem wir rufen: Abba, Vater! So bezeugt der Geist selber unserem Geist, daß wir Kinder Gottes sind. Sind wir aber Kinder, dann auch Erben; wir sind Erben Gottes und sind Miterben Christi, wenn wir mit ihm leiden, um mit ihm auch verherrlicht zu werden.« (Röm 8,15–17)

In diesen beiden Stellen spricht sich die entscheidende Geist-Erfahrung der Urkirche aus: Die Urchristen wissen sich als von jeder Knechtschaft befreite Menschen. Erfahrung des Heiligen Geistes ist von ihrem Ursprung her Erfahrung von *Freiheit* und *Befreiung*. Die Glaubenden haben ja durch Jesus Christus einen völlig neuen Stand in der Welt erhalten: den von freien, geliebten Söhnen und Töchtern Gottes, die vor keiner Macht der Welt mehr Angst zu haben brauchen (im Sinn einer verzweifelten »Grundstimmung« des Daseins; vgl. Röm 8,31 ff.); die sich vielmehr in kindlich-vertrauter Weise zu dem Geber dieser Freiheit und dieser Kindschaft ganz offen hinwenden dürfen. Sie tun dies »in der Kraft des Geistes«, und diese zeigt sich vor allem in zwei *Ausdrucksformen*:

Der Geist hebt uns auf die Stufe Jesu empor: Wie er kön-
nen wir Gott mit »Abba« = »unser lieber Vater« anrufen.
Der Heilige Geist ermächtigt und befreit uns dazu, uns mit
Jesus als Söhne und Töchter Gottes zu verstehen und in
derselben Vertrautheit wie er zum Vater zu beten (vgl.
Mk 14,36). In diesem Gebet spricht sich der ganze christliche Glaube als das vorbehaltlose und angstfreie Sich-
Gott-Anvertrauen erfahrbar aus. Deswegen hat das Beten
mit Jesus *im* Heiligen Geist *zum* Vater bereits von der
Mitte des zweiten Jahrhunderts an bis in unsere Gegenwart hinein seinen festen, zentralen Ort im Gottesdienst
der Gemeinde gefunden, und zwar in vielen Gebetsfor-
meln (z. B. am Schluß der Orationen und des Hochgebetes
der heiligen Messe), vor allem aber im »Vaterunser«. Dieses Gebet, das uns in zwei verschiedenen Fassungen von
Lukas und Matthäus überliefert ist und in seinem Kern auf
Jesus selbst zurückgeht, bleibt gerade in seinem gemeinsamen gottesdienstlichen Vollzug (falls es nicht nur herun-
tergeleiert, sondern aus ehrlichem Glauben gebetet wird)
für die Kirche und jeden einzelnen Christen eine grundlegende Form der Begegnung mit Gott. Denn gerade hier
kann sich das Versprechen Jesu erfüllen: »Alles, was zwei
von euch auf Erden gemeinsam erbitten, werden sie von
meinem himmlischen Vater erhalten. Denn wo zwei oder
drei in meinem Namen versammelt sind, da bin ich mitten
unter ihnen« (Mt 18,19ff.).

*Einschub: Über das Bittgebet und das Handeln Gottes
in der Welt*

Entspricht dieses Wort aber auch unserer eigenen Ge-
bets*erfahrung*? Wird uns beim Beten »im Namen« und
»im Geist Jesu« die befreiende Zuwendung Gottes auch
erfahrbar zuteil? Verhältnismäßig leicht mag es bei unse-

rem normalen Dank- und Lobgebet sein: Hier können wir fast spontan die erfahrenen Wohltaten (z. B. die Freude am Leben, Gesundheit, mitmenschliche Liebe, Frieden, gelungene Pläne usw.) als deutliche Zeichen der Liebe Gottes annehmen und ihm für dieses Geschenk danken. Aber wie steht es in den entgegengesetzten Situationen (des Unglücks, der Krankheit, des Unfriedens, der Einsamkeit usw.), die wir keineswegs als »Gleichnis« der Zuwendung Gottes erleben, sondern eher als seine Abwesenheit?

Wir wollen hier besonders auf eine Schwierigkeit eingehen, die heute viele Menschen mit dem Beten haben: Was können wir – gerade beim *Bittgebet* – eigentlich von Gott erhoffen?[28] Sicher *nicht*, daß er immer dann, wenn wir ihn brauchen, direkt »eingreift« und die Dinge spürbar zum Guten wendet (so wie *wir* uns das Gute vorstellen). Das ist nicht die Art jenes Gottes, der sich uns in Jesus Christus geschenkt hat. Seine Selbstoffenbarung im Leben und Sterben dieses Menschen spricht eine andere Sprache. Da zeigt er sich nämlich als »dabeiseiende« Liebe, von der *alles* zu *jeder* Zeit getragen und beschützt wird. Deswegen ist das Sprechen von einem besonderen »Eingreifen« Gottes sehr mißverständlich; legt es doch die alte Zeus-Vorstellung nahe, als ob ein in sich ruhender Gott durch unser Gebet dazu bewegt werden könne, endlich einmal zu handeln und das Gute in unserer Welt herbeizuführen. Nein, Gott ist von der Schöpfung an immer schon am »Handeln«, um alles zum vollendeten Heil in seinem Reich zu führen. Und dieses Heil ist uns in Jesus Christus bereits vorweg zuteil geworden: »Gott hat seinen eigenen Sohn nicht verschont, sondern ihn für uns alle hingegeben – wie

28 G. Greshake, Theologische Grundlagen des Bittgebetes. In: Th Q 157 (1977), S. 17–42; G. Greshake / G. Lohfink, Bittgebet – Testfall des Glaubens. Mainz 1978; H. Schaller, Das Bittgebet. Einsiedeln 1979; ders., Verbirg nicht dein Gesicht vor mir. Vom christlichen Bitten und Klagen. Mainz 1982.

sollte er uns mit ihm nicht *alles* schenken?« (Röm 8,32) Deswegen ist unser Gebet auch nicht das erste Wort, das wir von uns aus an einen schweigenden und wartenden Gott richten, sondern immer nur die Ant-wort auf das Wort Gottes, das er zu uns in seiner ganzen Schöpfung und zusammenfassend in Jesus Christus gesprochen hat und dauernd noch spricht. In diesem Wort hat Gott das tiefste Verlangen all unserer Gebete bereits erhört. Über diese in der ganzen Schöpfung und in ihrem Höhepunkt, eben in Jesus Christus, uns zugewandte Liebe Gottes hinaus gibt es keine »Steigerung« seiner Zuwendung. So wird auch das seltsame Wort Jesu verständlich: »Alles, worum ihr betet und bittet – glaubt nur, daß ihr es schon erhalten *habt*, dann *wird* es euch zuteil« (Mk 11,24).

Aber warum sollen wir dann überhaupt noch bitten, wenn Gott uns doch schon alles geschenkt hat und er dieses Geschenk uns unaufhörlich zukommen läßt? Wenn wir Gott doch nicht »umstimmen« oder zu einem »stärkeren« Einsatz seiner Liebe (nach unserem Sinn!) bewegen können, welchen Sinn hat dann das Bittgebet noch? Nun, auch wenn es dabei nicht um eine »Steigerung« der Liebe Gottes zu uns geht, so ist unser Beten doch *bedeutsam* für Gott.[29] Denn in *sein* liebendes Handeln in der Welt bezieht er *unser* Mit-Handeln (im Gebet und im Tun der Liebe) immer schon mit ein; nicht indem er es festlegt und vorherbestimmt (was gegen die Liebe wäre!), sondern es ermöglicht und freigibt.

29 Wenn in der Hl. Schrift (besonders im AT) viele Texte den Eindruck einer Veränderung Gottes erwecken (z. B. daß Gott seinen Zorn bereut u. ä.), dann ist das ein bildhafter Ausdruck dafür, daß glaubende Menschen die Erfahrung *ihrer* veränderten Situation auf eine Veränderung des Handelns Gottes zurückführen. Als bildhafte und unmittelbare Gebetssprache ist so etwas durchaus berechtigt, wenn dabei Gott nur nicht (wie z. B. in der griechischen Mythologie) so »vermenschlicht« wird, daß der Mensch das Maß für Gott und sein Handeln wird.

Das bedeutet: Seine uns stets zugewandte Liebe ermöglicht, daß wir uns ihr in Freiheit öffnen und aus ihr heraus wirklich menschlich leben und handeln. Im Gebet lassen wir uns von der Liebe Gottes aufschließen für ihr Ankommen bei uns; es ist gleichsam die zentrale »Einlaßstelle«, in die Gottes Liebe in unser Leben gestaltend und verändernd einströmen kann. Nicht Gott verändert sich also durch unser Gebet, sondern unsere menschliche Situation verändert sich in ihrer »Durchlässigkeit« und »Plastizität« für Gottes Liebe! Insofern ist unser Handeln für Gott selbst bedeutsam: Es ist ihm nicht gleichgültig, ob wir uns von ihm lieben lassen oder nicht, ob unsere Wirklichkeit von seiner Liebe und Gerechtigkeit durchstimmt wird oder nicht. Worin diese Bedeutsamkeit für Gott selbst im einzelnen besteht, können wir nicht sagen; sonst müßten wir einen positiven Einblick in die un-bedingte Liebe Gottes haben, müßten wir einen klaren »Begriff« von ihr haben, was uns aber grundsätzlich nicht möglich ist (s. o.).

Die Heilige Schrift spricht auf sehr bildhaft-gleichnishafte Weise von dieser Bedeutsamkeit unseres Betens und Handelns für Gott: »So wird auch im Himmel mehr Freude herrschen über einen einzigen Sünder, der umkehrt, als über neunundneunzig Gerechte, die es nicht nötig haben, umzukehren« (Lk 15,7).

Wir können jetzt auf unsere Ausgangsfrage zurückkommen: Was können wir im Bittgebet von Gott erhoffen? Die in Jesus Christus gründende Hoffnung des Bittgebetes (und noch intensiver der Klage) richtet sich immer auf *zweierlei*:

Einmal (1) darauf, daß uns keine noch so schreckliche und tödliche Situation von der »dabeiseienden« Liebe Gottes trennen mag; d. h. daß kein noch so großer Schmerz im Leiden oder in der Schuld uns überwältigt und gegenüber Gott und dem Nächsten verschließt; daß unser Vertrauen auf ihn und sein kommendes Reich niemals in ein unaufhebbares Mißtrauen umschlägt. Jede christliche Bitte im Un-*glück* zielt deswegen zuallererst darauf hin, daß dies mich oder den, für den ich bete, nicht zugleich auch ins Un-*heil* stürzt: eben in ein endgültiges Sich-selbst-Verschließen vor Gott, vor seiner Liebe und den menschlichen Vermittlungsweisen dieser Liebe. Die Heilige Schrift nennt dies den »ewigen Tod«, das ewige Getrenntsein von Gottes Liebe (= »Hölle«). Wer bittet, vertraut darauf, daß sich auch in dieser Situation – oft gegen allen Anschein – die Macht der totenerweckenden Liebe Gottes erweist. Mag sich auch die un-glückliche Situation (z. B. einer ausweglosen Krankheit oder eines Krieges) nicht wenden, so hofft er doch zuversichtlich, daß auch dieses Unglück im Heil jener Liebe Gottes eingeborgen bleibt, die jeden Haß, jede Ungerechtigkeit und jeden Tod überwindet: eben in der Auferstehung von den Toten.

Damit verbindet sich beim Bittenden aber zugleich auch noch eine andere (2) Hoffnung: daß nämlich dieses Heil der Auferstehung bereits jetzt in erfahrbaren *Vor-zeichen* durchscheint. Genau in dieser Hoffnung hat Jesus am Ölberg gebetet: »Abba, Vater, alles ist dir möglich. Nimm diesen Kelch von mir! Aber nicht was ich will, sondern was du willst, soll geschehen« (Mk 14,36). Seine erste Bitte richtet sich auf das ganz konkrete und spürbare Abwenden der tödlichen Situation; aber in der zweiten Bitte relativiert er sie, indem er sie einschließt in die größere Bitte um das Geschehen des Willens Gottes, also um das letzte Zum-Heil-Kommen dieser Geschehnisse (auch wenn sie ihn in den Tod stürzen). Da, wo ein Mensch sein Bittgebet in diesen umgreifenden Horizont hineinstellt, da kann er zugleich mit vollem Recht darauf hoffen, daß auch die reale, von Un-glück geprägte Situation »durchlässig« wird für die heilende Macht der Liebe Gottes und somit sich erfahrbar wandelt in eine Situation des Glücks (z. B. der Gesundheit, des Friedens, der Befreiung). Menschliches Glück ist zwar innerhalb der Geschichte keineswegs ein

notwendiges Zeichen für Gottes Heil; auch der im Un-
glück zuversichtlich vertrauende Mensch steht im Heil.
Aber dennoch ist das menschlich glückende und gelingende Leben ein *wesensgemäßes*, gleichsam »konnatura-
les« Zeichen des Heils, das Gott uns in seiner Liebe
schenkt. Denn Gott »will nicht den Tod des Sünders, sondern daß er lebe«.[30]
Diesen heilenden Willen Gottes hat Jesus handgreiflich genug vorgelebt. Seine Krankenheilungen sind solche zutiefst »entsprechenden« Zeichen der endgültig heilenden,
von aller Schuld, aller Blindheit, Taubheit und Lahmheit
befreienden Liebe Gottes. Deswegen steht am Schluß solcher Heilungen auch häufig die Pointe: »Dein Glaube (an
die Macht der Liebe Gottes) hat dich geheilt« (z. B. Mk
5,34; 10,52; Lk 7,50).
In solchen Situationen eines vorbehaltlosen Vertrauens
kann eben auch die materielle Wirklichkeit (z. B. eines
kranken Körpers) oder die soziale Situation (z. B. eines
Krieges) »zugänglich« werden für die heilende Liebe
Gottes. Dann tritt das ein, was die Bibel »Wunder«
nennt: das ungewöhnliche, zum Staunen und zum Lob
Gottes anregende »Durchscheinen« der Liebe Gottes
mitten in unserer Erfahrungswelt. Hier werden keine
»Naturgesetze« außer Kraft gesetzt; hier greift Gott
nicht plötzlich »direkt« und »korrigierend« in seine –
etwas aus den Fugen geratene – Schöpfung ein. Nein, hier
wird durch das Vertrauen auf ihn unsere Wirklichkeit so
für seine stets »dabeiseiende« Liebe geöffnet, so »durchlässig«, daß alle Bereiche, auch die materiell-körperlichen
und gesellschaftlich-kulturellen, von ihr geheilt werden

---

30 G. Greshake, Glück und Heil. In: Fr. Böckle / Fr. X. Kaufmann /
K. Rahner / B. Welte (Hrsg.), Christlicher Glaube in moderner
Gesellschaft 9. Freiburg 1980, S. 101–139; ders., Glück oder
Heil? In: ders., Gottes Heil – Glück des Menschen. Freiburg
1983, S. 159–206.

können: ein Vorzeichen der »versöhnten Schöpfung« des Reiches Gottes.

Gilt das aber auch da, wo jemand *für andere* bittet? Wo also Menschen um die Gesundheit eines kranken Kindes, um das Ende einer Hungersnot, um die Verhütung eines Krieges zu Gott beten? Für Jesus macht das offenbar keinen Unterschied. Er erweist die heilende Macht der Liebe Gottes auch an Angehörigen von solchen, deren Vertrauen ihn zum Heilen bewegt; dabei wird nichts über ein entsprechendes Vertrauen bei den Kranken selbst gesagt (z. B. die Erweckung der Tochter des Jairus Mk 5,36; die Heilung der Tochter der Syrophönizierin Mk 7,29; die Heilung des besessenen Jungen Mk 9,24; die Heilung des Dieners des Hauptmanns von Kafarnaum Lk 7,9). Auch das »stellvertretende« Vertrauen vermag also Situationen, die vom Un-glück geprägt sind, für die verwandelnde Kraft der Liebe Gottes »aufzuschließen«. Dies ist deswegen möglich, weil im bittenden Gebet niemand als »Privatperson« allein vor Gott hintritt, sondern immer nur als »Bruder und Schwester« Jesu Christi und damit auch in der Geschwisterschaft mit allen Menschen, die durch Jesus zu »Söhnen und Töchtern« des gemeinsamen Vaters geworden sind. Wer »für« andere bittet, läßt sich hineinnehmen in das Dasein Jesu »für euch und für alle«; er nimmt teil an dessen heilender Solidarität mit allen Leidenden und Verlorenen. Deswegen ist mein fürbittendes Vertrauen immer auch schon »bedeutsam« für die anderen und ihr Heil; deswegen werde ich selbst immer schon mitgetragen von dem Vertrauen der anderen (ob ich darum weiß oder nicht). Die von Jesus gestiftete Solidarität aller Menschen auch in der Frage ihrer Beziehung zu Gott und ihres letzten Heil-werdens macht dieses Füreinander-Einstehen vor Gott möglich.

Wie dieses stellvertretende Vertrauen und das fürbittende Beten anderen Menschen oder bestimmten Ereignissen zugute kommen kann, zumal wenn es nicht den Weg über das gegenseitige Wissen darum und über die dadurch be-wirkte »Bewußtseinsveränderung« nimmt, können wir nicht sagen. Wir stoßen hier wieder an die Grenze unseres Begreifens dessen, was »unbedingte Liebe« Gottes wirk-lich bedeutet. Weil wir uns keinen »Begriff« davon ma-chen können, lassen sich auch keine Folgerungen daraus ziehen, *wie* sich diese Liebe handelnd und heilend unter uns auswirkt; es genügt zu wissen, *daß* sie es tut. In der Sprache der Bibel wird der Sachverhalt mit *»Leib Christi«* beschrieben: Es ist jene solidarische Gemeinschaft der Glaubenden, die vom Geist des gekreuzigten und aufer-standenen Christus zusammengefügt wird und in der des-wegen alle Glieder mit-leiden, wenn eines leidet, und alle Glieder sich mit-freuen, wenn eines sich freut (vgl. 1 Kor 12,26).

Wir wollen damit den Exkurs über das Bittgebet abschlie-ßen. Die Ausführungen über die Solidarität im betenden Glauben weisen bereits über sich hinaus auf eine *zweite*, dem Gebet gleichgewichtige Erfahrungsweise des Heili-gen Geistes, in der uns ebenfalls ein »sachgemäßer« Zu-gang zu Gott eröffnet ist:

bb. Teilhabe an der Liebe Jesu

Das Füreinander-Einstehen vor Gott im Gebet ist nur dann glaubwürdig, wenn es sich mit dem tätigen Einan-derbeistehen verbindet und auch darin die Solidarität Jesu mit den Leidenden teilt. Hier kommt die befreiende Kraft des Geistes erst ganz zum Tragen. Denn der Heilige Geist wirkt nicht nur als die Kraft des vertrauend-zutraulichen Betens zu Gott (»Abba«), sondern auch als die Befreiung zu einer Liebe, die nicht an unseren beschränkten psychi-schen Liebesfähigkeiten ihr Maß nimmt, sondern an der Liebe Jesu. Diese Freiheit kann jedem zuteil werden, der sich in der Nachfolge Jesu diesem Geist des Auferstande-nen öffnet: »Wo der Geist des Herrn wirkt, da ist Frei-heit« (2 Kor 3,17); und: »Ihr seid zur Freiheit berufen,

Schwestern und Brüder. Nur nehmt die Freiheit nicht zum Vorwand für das Fleisch (= für den selbstsüchtigen Egoismus), sondern dient einander in Liebe. Denn das Gesetz ist in dem einen Wort zusammengefaßt: Du sollst deinen Nächsten lieben wie dich selbst! ...Darum sage ich: Laßt euch vom Geist leiten... Die Frucht des Geistes aber ist Liebe, Freude, Friede, Langmut, Freundlichkeit, Güte, Treue, Sanftmut und Selbstbeherrschung...« (Gal 5,13f., 16,22f.)

Wer sich in seiner noch so beschämenden eigenen Hilflosigkeit diesen Geist Jesu schenken läßt, für den bedeutet die Nächstenliebe z. B. der Bergpredigt in all ihren Bereichen, ob im unmittelbar karitativen oder im größeren sozialen und politischen Einsatz, nicht mehr eine Forderung, die »von außen« an ihn herantritt und sein Leistungsvermögen hoffnungslos überfordert, sondern eine Möglichkeit, zu der er »von innen heraus« befähigt und befreit wird. Er braucht nämlich »nur« noch die empfangene Liebe Gottes, die ihm im Heiligen Geist zugeeignet wird, weiterzuverschenken und sich als freies, zustimmendes »Werkzeug« dieses Geistes in Dienst nehmen zu lassen. Wo wir den Geist nicht hindern, durch uns sein Werk der versammelnden und vereinenden Liebe unter den Menschen zu verrichten, da haben wir schon das Entscheidende von uns aus »geleistet«; denn alles wirklich Gute, das wir tun und das unsere Welt in Richtung auf das Reich der Gerechtigkeit und des Friedens Gottes hin verändert, verdanken wir dem in uns und durch uns wirkenden Geist Jesu.

Um nicht mißverstanden zu werden: Dieser Geist nimmt uns dabei keineswegs unsere eigene Freiheit und Verantwortung ab. Weil er die Gabe der *Liebe* Gottes ist, kann er niemals in einengende oder verdrängende Konkurrenz zu unserer Freiheit und Liebe treten. Das geisterfüllte Zusammenspiel von Gottes und menschlicher Liebe können wir uns vielmehr nach dem Modell einer gelungenen

Freundschaft vorstellen, in der auch nicht die Liebe des einen dadurch verdrängt wird, daß die des anderen wächst. Im Gegenteil: In einer wirklich liebenden Beziehung wächst immer die Liebe beider in *gleichem*, nicht im umgekehrten Verhältnis. Je mehr Liebe ich empfange, um so mehr Liebe kann ich selbst verschenken (was von dem anderen genauso gilt). Auf der rein zwischenmenschlichen Ebene liegt hier eine gegenseitige Abhängigkeit im Empfangen und Verschenken von Liebe vor. Im Verhältnis zwischen Gottes und menschlicher Liebe ist jedoch die grundsätzliche Priorität der Liebe Gottes festzuhalten: Gottes Liebe wirkt uns gegenüber immer als *befreiende* Liebe, während die unsere sich als *befreite* Liebe Gott auf dankende und den anderen Menschen auf befreiende Weise zuwenden kann. Sie versteht sich dann als ein freies, in der Freundschaft Gottes befreites Werkzeug zur Weitergabe der empfangenen Liebe an die anderen.[31] So erfüllt sie das »neue Gebot« Jesu: »Wie mich der Vater geliebt hat, so habe ich euch geliebt. Bleibt in meiner Liebe! ...Liebt einander, wie ich euch geliebt habe« (Joh 15,9.12).

4. Der Glaube an den dreieinen Gott

Auf unserer Suche nach dem richtigen Zugang zu Gott fanden wir in der Gebetstradition unseres Glaubens die Kurzformel: Wir gelangen *mit* Jesus Christus *im* Heiligen Geist *zum* Vater. Ist also letztlich nur der Vater »Gott« im vollen Sinn? Sind Jesus und der Geist nur die angemessenen Vermittlungen zu Gott? Dies anzunehmen widerspräche völlig der *Erfahrung* der jungen Kirche! Denn nach dieser Erfahrung begegnet ihr Gott selbst in einer drei-

31 Vgl. K. Rahner, Gnade als Freiheit. Herder TB 322. Freiburg 1968; H. de Lubac, Die Freiheit der Gnade, Bd. 1+2 (deutsch).

fachen Gestalt: als der Vater, zu dem Jesus betet, auf den er sich bis in den Tod hinein verläßt und der ihn aus dem Tod ins neue Leben auferweckt; als der Sohn, der diesem Vater gegenübersteht und zugleich doch die ganze befreiende Liebe des Vaters vermittelt, in dem also Gott selbst unter uns auf menschliche Weise anwesend ist und uns als unser Bruder begleitet; schließlich als der Heilige Geist, der die bleibende Gegenwart dieser Liebe Gottes unter uns ist. Diese drei »Größen« konnte die junge Christengemeinde nicht einfach völlig miteinander identifizieren; sie hat einen klaren Unterschied zwischen ihnen erfahren. Anderseits ließ sich dieser Unterschied weder so erklären, daß nur der Vater wirklich Gott ist und Jesus mit dem Heiligen Geist auf die Seite der Menschen gehört, noch so, daß hier auf einmal drei verschiedene Götter auftreten. Die Kirche hält deswegen von Anfang an bis heute streng am jüdischen Monotheismus fest (»wir glauben an den *einen* Gott«) wie auch an ihrer Erkenntnis, daß Jesus und der Heilige Geist solche einzigartigen Vermittler Gottes sind, daß sie ganz auf die Seite Gottes und zugleich ganz auf die Seite der Menschen gehören.

Wie ist diese eigenartige Gotteserfahrung der Christen zu *verstehen*? Viele resignieren heute zu schnell vor dieser Frage. Sie denken: »Das ist uns zu hoch, das überlassen wir lieber den berufsmäßig spekulierenden Theologen; es genügt, wenn wir einfach daran glauben und jedes weitere Verstehen-Wollen einfach auf sich beruhen lassen.« So haben die ersten Christen jedoch nicht reagiert. Wenn Gott sich selbst als Einheit (»ein Gott«) und Dreiheit zugleich (»Vater, Sohn, Heiliger Geist«) offenbart, dann können wir nicht einfach so tun, als ob das letztlich für unseren persönlichen Glauben belanglos wäre. Die dreigestaltige Selbstoffenbarung Gottes macht eben die tiefste Eigenart

Einsiedeln 1971; G. Greshake, Geschenkte Freiheit. Einführung in die Gnadenlehre. Freiburg 1977.

christlicher Gottesbegegnung aus, gerade etwa im Unterschied zum Judentum und zum Islam, den beiden anderen großen monotheistischen Religionen. Deswegen hat die Kirche in ihrem »Glauben, der das Verstehen sucht«, seit den ersten Jahrhunderten um dieses Geheimnis gerungen, gerade in der Begegnung mit dem griechisch-hellenistischen Kulturkreis (vgl. die Liturgie der Taufe, der Eucharistie, der Sündenvergebung, des Glaubensbekenntnisses usw.). Sie hat sich einem denkfaulen Hinnehmen dieses Sachverhaltes stets energisch widersetzt und zugleich alle vereinfachenden Lösungsversuche abgelehnt, die nicht der ursprünglichen Gotteserfahrung der ersten Glaubenden entsprachen. Genau um die Wahrung dieser *Erfahrung* geht es bei der Suche nach dem Verstehen, nicht aber um eine müßige Spekulation oder eine interessante Denkaufgabe.

a. Ein Zugang zum Verstehen

Wie läßt sich nun diese ursprüngliche Gotteserfahrung so *verstehen*, daß wir sie heute noch nachvollziehen und anderen verstehbar mitteilen können? Es geht dabei nicht um ein »Durchschauen« dieses Geheimnisses (das wird ja gerade gegenüber den vereinfachenden, allzu plausiblen und durchsichtigen Verstehens-Modellen abgelehnt), sondern um die glaubende Einsicht in die Wahrheit dieser Grunderfahrung: Gott ist wahrhaftig so, wie er sich in Jesus Christus und seinem Heiligen Geist mitgeteilt hat. Und *dieser* Gott ist allein des vorbehaltlosen Sich-Anvertrauens würdig, weil nur bei ihm der Mensch sein Heil findet. Die Sprache der alten Konzilien und ihr philosophischer Hintergrund sind für uns heute nur noch schwer verständlich. Gibt es statt dessen ein Verstehensmodell, das zugleich die Einheit des *einen* Gottes (es gibt nicht drei Götter!) und die Verschiedenheit der »drei Personen« bzw. »drei Existenzweisen« angemessen erklären kann?

aa. Einheit liebender Beziehungen

Wenn wir uns an die Aussagen des Neuen Testaments halten, also an das, was die Urkirche durch Jesus Christus und im Heiligen Geist von Gott erfahren hat, dann stoßen wir auf die Sprache *personaler Beziehungen*. Denn Gott erweist sich hier als der »Vater«, als der sich verströmende Ursprung einer unbedingten Liebe, mit der er dem »Sohn« Jesus Christus (und in ihm allen Menschen) zugewandt ist. Er erweist sich zugleich als der »Sohn«, als das empfangende Gegenüber dieser Liebe, die in unbedingter Offenheit von Jesus angenommen und an die Menschen weiterverschenkt wird. Er erweist sich darüber hinaus als der »Geist«, als das wechselseitige Zueinander, das gebende und empfangende Liebe zum vollen Einklang miteinander verbindet und sie zugleich »nach außen« übersteigt, um sich der empfangsbereiten Gemeinschaft der Glaubenden zuinnerst mitzuteilen und sie in diese Liebe miteinzubeziehen. Gott als Vater, Sohn und Geist bekennen heißt: Gott konsequent als *Liebe,* als Gespräch, als Freundschaft, als das Geschehen liebender Beziehungen zu bekennen, die sich zwischen einem »Ich« und einem »Du« in der sie verbindenden und sich zu anderen öffnenden Gemeinsamkeit eines »Wir« abspielen.[32]

Die *Einheit* dieses Gottes besteht dann nicht in der Einheit eines sich selbst erkennenden und genügenden Bewußt-

---

32 Aus dem Begriff »Geschehen« sind in diesem Zusammenhang natürlich alle endlichen Eigenschaften wegzunehmen: also ein prozeßhaftes Nacheinander, eine Veränderung zu einem »Mehr« oder »Weniger« an Liebe usw. So etwas ist in Gott als un-endlicher Liebe ausgeschlossen. Vgl. zu diesem Abschnitt: H. U. v. Balthasar, Spiritus Creator. Einsiedeln 1967; W. Kasper, Der Gott Jesu Christi: a.a.O.S. 285–383; J. Ratzinger, Einführung in das Christentum. München 1968, S. 103–150; H. Mühlen, Der Heilige Geist als Person. Münster ²1966; J. Ackva, An den dreieinen Gott glauben. Frankfurt 1994.

seins, sondern in der Einheit der *Liebe*; genauer: in der Einheit eines Geschehens von unendlich sich verschenkender Liebe (= Vater), von unendlich sich verdankender und empfangender Liebe (= Sohn), von unendlich verbindender und sich anderen mitteilender Liebe (= Geist). Dieses *eine* Geschehen der Liebe ist – in der traditionellen Sprache – das »Wesen«, die »Natur« Gottes.

Die *Verschiedenheit* in Gott (als Vater, Sohn und Geist) meint dementsprechend auch nicht die Verschiedenheit von drei in sich stehenden und für sich existierenden Wesen, die über ihren »eigentlichen« Selbstand hinaus noch Beziehungen zueinander aufnehmen. Das liefe ja auf drei Götter hinaus!

In diesem Sinn darf man die altkirchliche Formel von den »drei Personen« in Gott auf keinen Fall verstehen. Denn in dieser alten Definition bedeutet »Person« nicht mehr dasselbe wie in unserem heutigen Sprachgebrauch, der damit immer eine »Persönlichkeit«, ein »Individuum«, ein eigenes, von anderen getrenntes Selbstbewußtsein meint. Nein, in Gott gibt es nur *ein* Selbstbewußtsein: das Bewußtsein der unendlichen Liebe. Aber was ist denn diese »Liebe«? Nicht eine gestaltlose »Liebeskraft« oder ein unbestimmt-seliges Gefühl, das in allen Dingen pulsiert. Diese Liebe ist ein geistig-personales Geschehen, das in sich »differenziert« ist; und zwar nach den verschiedenen *Beziehungen*, in die das *eine* Geschehen sich auslegt.

Schon von unserer menschlichen Erfahrung her bezeichnen wir mit *Liebe* im vollen Sinn immer ein Beziehungsgefüge; also ein Geschehen von verschiedenen Weisen des Sich-aufeinander-Beziehens von Ich und Du im gemeinsamen Wir. Dabei sind die grundlegenden Beziehungen jeder Liebe das Zusammenspiel von Sich-Verschenken, von Sich-Beschenkenlassen und von Sich-Vereinen bei gleichzeitigem Sich-Überschreiten zu den anderen hin. Wenn wir Gott als unendliche Liebe bekennen, dann sehen wir in ihm gerade den Grund, das schöpferische Ur-bild solcher

Liebe: In ihm ist die Verschiedenheit der Beziehungen, die jedes Geschehen von Liebe kennzeichnet, auf unendliche Weise verwirklicht. Genau dies bedeutet das Reden von den drei verschiedenen »Personen« in Gott (man muß diesen so mißverständlichen Ausdruck heute mit großer Vorsicht gebrauchen!): Das *eine* Geschehen der unendlichen Liebe legt sich in jene *drei* verschiedenen, aber nicht (wie bei menschlichen Individuen) voneinander getrennten »Beziehungen« aus: in die Beziehung der ursprünglichen, sich restlos verschenkenden Fülle der Liebe (= Vater); in die Beziehung der gegenüberstehenden, sich restlos von dieser Fülle erfüllenlassenden Offenheit der Liebe (= Sohn); in die Beziehung des vereinenden, dieses gegenseitige Geben und Empfangen über sich hinaus verströmenden Bandes der Liebe (= Geist). »Vater« besagt nichts anderes als diese reine Beziehung: Er geht in seiner personalen Eigenart ganz und gar in diesem Sich-Verschenken auf. »Sohn« besagt nichts anderes als diese reine Beziehung: Er geht in seiner personalen Eigenart ganz und gar in diesem Sich-beschenken-Lassen auf. »Geist« besagt nichts anderes als diese reine Beziehung: Er geht in seiner personalen Eigenart ganz und gar in diesem Vereinen und Sich-Überschreiten auf die Schöpfung und Erlösung der Welt hin auf.

bb. Wirklich »personale« Verschiedenheit?

Ist diese Verschiedenheit der Beziehungen nicht doch zu gering? Hebt sie nicht die Eigenständigkeit gerade des menschgewordenen Sohnes Jesus Christus zu sehr auf, der dem Vater doch auch als eigene »Person« (im heutigen Sinn!) gegenüberstand? Kann man bei unserer Deutung wirklich noch von einem »Ich« und einem »Du« in Gott sprechen? Nun, unsere ganzen Überlegungen beruhen auf der einen Grundeinsicht, die von der Glaubenserfahrung der jungen Kirche mit Jesus Christus ausgeht und die seitdem auch unser abendländisches Verständnis von Person und Liebe bestimmt. Sie läßt sich so formulieren: »Je größer die Einheit zwischen Liebenden, um so größer auch ihre Verschiedenheit.« Die personale Unterschiedenheit der Partner nimmt also in der Liebe nicht ab, sondern wächst gerade im Maße der personalen Vereinigung. So wird z. B. in einer Freundschaft, die auf enge und intensive Einheit, letztlich zur leiblichen Vereinigung in der Ehe hindrängt, gerade nicht das Anderssein der beiden Partner aufgehoben. Das Ich saugt das Du nicht in sich hinein, und umgekehrt; die beiden verschwimmen nicht in einer undifferenzierten Vereinheitlichung oder in einem Auflösen ihrer personalen Konturen. Im Gegenteil: In der Liebe wird das Du als solches, als *anderes*, als von mir verschiedenes gesucht. *Ihm* schenke ich mich, *es* empfange ich, mit *ihm* verbinde ich mich. Dies alles aber nicht, um mich und den anderen in undifferenziertem »Liebesgefühl« aufzulösen und zu vermischen, sondern um mich und ihn *als* jeweils andere gelten zu lassen und so einander im anderen zu finden und zu erfüllen. Wenn Einheit »Vermischung« oder Auflösung der Verschiedenheit bedeutet, bliebe jeder in der Hingabe der Liebe doch letztlich bei sich selbst, käme keiner wirklich zum andern; denn dann liebte jeder nicht so sehr das Du des andern, sondern den Genuß des Ineinander-Verschwimmens, was eine sublime Form der Selbstliebe (oder des »Egoismus zu zweit«) bleibt. Nur die wirkliche Hingabe an ein Du, das als solches bestehenbleibt, läßt mich von mir selbst wegkommen und so meine Erfüllung im andern finden. Unsere menschliche Liebe kann nur annäherungsweise zu dieser Selbstlosigkeit finden; ihr haftet immer auch die Tendenz zur Vermischung, zur Auflösung der Andersheit des andern und meiner selbst an, was letztlich das ersehnte und allein beglückende Sich-dem-andern-hingeben-Können so erschwert. Diese Einsicht in das Wesen menschlicher Liebe verdankt die frühe abendländische Philosophie vor allem jener Erfahrung, welche die Kirche mit dem besonderen Verhältnis Jesu zum Vater im Heiligen Geist gemacht hat. Ja, die Begriffe »Person« und »personale Beziehung« haben sich erst durch die altkirchlichen Überlegungen zu diesem Verhältnis herausgebildet. Uns liegt heute in der Regel die zwischenmenschliche Erfahrung näher als die Gotteserfahrung der Urkirche. Deswegen können wir (in umgekehrter Richtung) von diesem »Gleichnis« menschlicher Liebe her unsererseits einen Zugang zum Verständnis des dreifaltig-einen Gottes gewinnen:

Wir haben oben die Einheit zwischen Vater, Sohn und Geist als die Einheit des Geschehens unendlicher Liebe beschrieben, die sich in die drei genannten »Beziehungsweisen« auslegt. Eine größere Einheit als diese kann – in den Kategorien der Liebe jedenfalls – nicht gedacht werden, denn hier gehen die »Personen« als die Träger der Beziehungen ganz in ihrem Bezogensein aufeinander auf. Hier vollzieht jeder sein eigenes Selbstsein nicht zunächst »für sich« und dann auch noch für den andern, sondern ursprünglich und restlos »für den andern«. Aber gerade dies hebt nicht die Verschiedenheit zwischen den Beziehungen auf. Denn die hier gelingende Selbstvergessenheit unbedingter Liebe bewahrt sowohl das Selbstsein wie auch das Anderssein der jeweiligen »Beziehungspole«. Ja, sie läßt das jeweilige Anderssein erst ganz zur Geltung kommen, so daß in der liebenden Vereinigung von Vater und Sohn im gemeinsamen Geist der Liebe zugleich auch ihre Verschiedenheit »unvermischt« hervortritt. Der »Vater« löst sich nicht in den »Sohn« oder den »Geist« hinein auf, was genauso auch vom »Sohn« und vom »Geist« gilt. Gerade in der unüberbietbar vereinenden Liebe erweisen sie sich auch unverwechselbar als »väterlicher« Ursprung sich verschenkender Liebe, als »sohnhaftes« Gegenüber empfangender Liebe, als »geistliche« Gemeinschaft gegenseitiger Liebe.

cc. Der irdische Jesus als Offenbarung
des dreieinen Gottes

Daß dies alles keine abstrakten Spekulationen sind, sondern der Versuch, die geschichtliche Selbstoffenbarung
Gottes ein wenig tiefer zu verstehen, wird deutlich an der
Gestalt des irdischen Jesus. Er beansprucht ja, nichts anderes zu kennen und mitzuteilen als den Vater, nichts anderes
zu suchen als den Willen und das Reich des Vaters, auf
nichts anderes zu vertrauen als auf den Vater. Er lebt restlos
von seinem Vater her und auf ihn hin; von seiner Liebe und
seiner Gerechtigkeit allein läßt er sich erfüllen, um ihr in der
Welt Raum zu verschaffen und so das vollendete Reich
Gottes (»Gott alles in allem«) herbeizuführen. Deswegen
kann er auch im einzigartigen Sinn als der »Sohn« Gottes,
seines »Vaters«, auftreten. Denn absolut nichts trennt ihn
von diesem Vater. Er führt sein Leben in einer völligen
Einheit des Vertrauens und der Liebe zu ihm. Zugleich aber
tritt in dieser Liebe auch seine restlose *Verschiedenheit* vom
Vater hervor. Niemals sagt er: »Ich bin der Vater.« Vielmehr verweist er ständig von sich weg auf den Vater, der ihn
gesandt hat, von dem er alles hat, für den er Zeugnis ablegen
soll und in dessen Kraft er seine Wunderzeichen wirkt.

Am *Kreuz* tritt dieses Miteinander von Einheit und Verschiedenheit im Verhältnis Jesu zum Vater am deutlichsten
in Erscheinung (s. o.). In ungebrochener Übereinstimmung mit dem Vater läßt er sich »dahingeben«, um in die
Welt der Gottverschlossenheit dennoch *Gottes* Liebe
hineinzubringen und auch dort noch heilend dabeizusein.
Aber dies in einer Weise, die von Gott nicht verschiedener
sein könnte: als der wie ein Verbrecher und Gotteslästerer
sterbende Mensch, der in der Gestalt der »Sünde«, ja des
»Verfluchten« jeder göttlichen (und menschlichen)
»Herrlichkeit« entäußert ist und in der »Armut« des nackten Weizenkorns Gottes Liebe in den Ackerboden unserer
Erde hineinsenkt.

Gerade dieses Geschehen am Kreuz führt die ihm Nachfolgenden dazu, in diesem Menschen nicht nur einen großen Propheten oder Heiligen zu sehen, der Gott besonders nahe steht (wie z. B. Mose, der im Alten Testament als
Freund Gottes bezeichnet wird), sondern in ihm die
menschliche Gestalt der sich unendlich beschenken-las-
senden Liebe Gottes selbst zu erkennen (= Menschwerdung bzw. Inkarnation des »Logos«). Die »zweite« Beziehung bzw. »Person« in Gott, das sich verdankende Gegenüber zum Vater (der »Sohn«), verbindet sich in Jesus
mit unserer menschlichen Natur, um diese Liebe zum Vater ganz und gar auf menschliche Weise zu leben und uns
dadurch an seiner Beziehung zum Vater teilnehmen zu lassen. Mit Jesus können wir deswegen im gemeinsamen
Geist der Liebe »Söhne und Töchter«, d. h. *alles* dem Vater
verdankende Kinder werden. Nur als solchen ist uns ja
auch der Zugang zum Reich Gottes und damit zu Gott
selbst eröffnet: »Menschen, die wie Kinder sind, gehört
das Reich Gottes... Wer das Reich nicht« so annimmt wie
ein Kind, der wird nicht hineinkommen« (Mk 10,14 f.).
Wie sich nun diese Verbindung von menschlichem Bewußtsein, menschlicher Freiheit und menschlicher Geschichte mit der sich verdankenden Liebe Gottes selbst in
Jesus bewußtseinsmäßig auswirkte, können wir nicht wissen; und es ist auch nicht nötig. An seiner Lebensgeschichte erkennen wir jedoch klar, daß die in Jesus gegenwärtige Liebe Gottes in keiner Weise seine Menschlichkeit
verdrängte oder veränderte. Er war kein »Supermensch«,
auch kein göttliches Wesen, das sich nur rein äußerlich
eine menschliche Verkleidung übergeworfen und im tiefsten Innern doch dauernd in der »ewigen Seligkeit« des
Himmels gelebt hätte. Nein, weil in ihm die unendliche
Liebe Gottes am Werk ist, tritt sie nie in Konkurrenz zu
seinem wahren und vollen Menschsein; im Gegenteil, sie
befreit in Jesus die besten Möglichkeiten der menschlichen
Natur erst zu ihrer vollen Selbstentfaltung. Deswegen

kann die Heilige Schrift auch sagen: »Er war in *allem* uns gleich außer der Sünde.« Dieses Gleich-Sein in allem zeigt sich daran, daß er »mit unserer Schwäche mitfühlen kann«; daß er »in allem wie wir in Versuchung geführt worden ist, aber nicht gesündigt hat«; daß er schließlich »mit lautem Schreien und unter Tränen Gebete und Bitten vor den gebracht hat, der ihn aus dem Tod retten konnte, und er ist erhört und aus seiner Angst befreit worden« (Hebr 4,15; 5,7).

b. Bedeutung für unseren Glauben

Diese Ausführungen scheinen uns weit von unserem normalen Leben weggeführt zu haben. Aber das scheint nur so! Denn wenn Gott für uns Menschen wirklich der alles tragende Grund und das alles vollendende Ziel unseres Lebens ist, dann ist es nicht gleichgültig, ob dieser Gott in sich selbst ein Geschehen der Liebe ist, also gleichsam ein »Gespräch« oder eine »Freundschaft«. Denn davon hängt ja entscheidend ab, in welchem Tun wir Menschen den Sinn unseres Daseins und unserer Wirklichkeit überhaupt finden können. Für den, der an den dreifaltigen Gott glaubt, kann die Bestimmung des Menschen, seine eigentliche Sinnerfüllung nur in der Liebe, im Gespräch, in der Freundschaft, in der »einmütigen« Gemeinschaft liegen, die sich ständig übersteigt zu »den andern« hin, um eben allen Menschen, vor allem jenen, die unter der herrschenden Lieblosigkeit und Ungerechtigkeit am meisten leiden, diese befreiende und sinngebende Liebe zu vermitteln.
Weil Gott in sich selbst »Gemeinschaft«, »communio« ist, darum kann sich jede glaubende Beziehung zu ihm nur in der mitmenschlichen Gemeinschaft all derer vollziehen, die in der Gemeinsamkeit seines Geistes leben und handeln. In der Kraft dieses Geistes werden überall Menschen von Gott selbst geeint und zugleich in ihrer Verschiedenheit gewahrt; er ist die »Seele« jeder gelingenden

menschlichen Gemeinschaft. Darüber hinaus werden sie von ihm befreit zu einer Solidarität, die aller Schöpfung, vor allem den Verlorenen und Vergessenen in ihr, die heilende »Sym-pathie« Gottes zukommen läßt. Deswegen sind für uns jede gelingende Gemeinschaft und Liebe die bevorzugten »Gleichnisse« Gottes und seiner dreifaltigen Liebe. Dies gilt im besonderen Maß von der Kirche, die sich als Gemeinschaft der Glaubenden ausdrücklich als »Sakrament«, als vermittelndes Zeichen der »communio« in Gott, versteht (siehe Kap. 4).

Damit wollen wir dieses lange Kapitel abschließen. »Wissen« wir jetzt genau, wer oder was Gott ist? Gott bewahre! Wir haben versucht, der Erfahrung, die glaubende Menschen mit Jesus Christus und seinem Gott machen, nach-zudenken. Dabei kann dieses Nach-denken nicht mehr leisten, als in die Richtung zu weisen, in der das Geheimnis des dreieinen Gottes unendlich weit über menschliche Gleichnisse hinaus seine eigentliche Wahrheit besitzt. »Unser Verstehen begreift auf vernünftige Weise, daß Gott unbegreiflich ist« (»rationabiliter comprehendit incomprehensibile esse« – Anselm von Canterbury).

Das heißt: Das glaubende Verstehen sieht am Ende aller begrifflichen Anstrengungen ein, daß es nie in das verborgene Geheimnis eindringen und es aufhellen kann: nämlich daß es Gott als dieses Geschehen unendlicher Liebe überhaupt gibt, daß er sich in Jesus Christus unserer Erfahrung mitteilt und daß er uns im Heiligen Geist in dieses Geschehen miteinbezieht.

An ihrem Ziel kehrt die glaubende Vernunft vertieft und gereinigt zu ihrem Ausgangspunkt zurück: zum demütigen, dankbar-vertrauenden »Hinnehmen« des schönsten Geschenkes, das für uns unausdenkbar ist, zur alles heilenden und befreienden Liebe Gottes in Jesus Christus.

4. Kapitel
Der Lebensraum des Glaubens

1. Die »eine, heilige, katholische und apostolische Kirche«

In den altkirchlichen *Glaubensbekenntnissen* kommt die ursprüngliche Beziehung zwischen dem dreieinen Gott und der Kirche vor allem dadurch zum Ausdruck, daß die Kirche von Anfang an ihren festen Platz unmittelbar im Anschluß an das Bekenntnis zum *Hl. Geist* erhält; und zwar nicht im Sinn einer zusätzlichen, zusammen mit anderen wichtigen Glaubensgehalten noch »angehängten« Reihe von Bekenntnisaussagen, sondern weil sie der konkrete, geschichtliche »Raum« ist, in dem sich das Wirken des Hl. Geistes ereignet. Sowohl die Kirche mit ihren Sakramenten der Eucharistie (»Gemeinschaft der Heiligen«), der Taufe und der Buße (»Vergebung der Sünden«) als auch die Vollendung der Geschichte in der »Auferstehung der Toten« und im »ewigen Leben« gelten im christlichen Glauben als die hervorgehobenen Weisen, in denen der Hl. Geist das Geschehen der Selbstmitteilung Gottes bleibend *vergegenwärtigt* und endgültig *vollendet.*[1]

Das Bekenntnis zur Kirche wird in den griechischen Symbola bis hin zum Nizäno-Konstantinopolitanum meist genau wie das Bekenntnis zu Vater, Sohn und Geist mit »εἰς ... ἐκκλησίαν« formuliert; in den lateinischen Tauf- und Bekenntnisformeln (einschließlich des Apostolicums) wird es dagegen abwechselnd mit »in ... ecclesiam« oder – sehr viel häufiger – mit dem reinen Akkusativ »ecclesiam« ausgedrückt. Das bedeutet: »Ich glaube *an* den Hl. Geist *in* der Kirche«. Denn wir glauben nicht in derselben Weise

---

1 Vgl. zu diesem Kapitel u. a. M. Kehl, Die Kirche. Würzburg [3]1994.

(und Reihenfolge) »an« die Kirche wie an Gott den Vater, den Sohn und den Hl. Geist; die Kirche kann als geschöpfliche und sündige Wirklichkeit nicht selbst zum »Gegenüber« des unbedingten Sich-Anvertrauens des Menschen werden. Diese höchste Weise des Glaubens kann sich allein auf Gott und seine menschlich-sündenlose Selbstoffenbarung in Jesus Christus und im Hl. Geist richten. Die Kirche wird jedoch in diesen Glauben an Gott miteinbezogen: Wir glauben, daß sie – in aller Sündigkeit – doch der hervorgehobene, unzerstörbare Ort der einenden (»una«), heiligenden (»sancta«), allumfassenden (»catholica«) und in der ursprünglichen Wahrheit bewahrenden (»apostolica«) Geistes-Gegenwart Gottes in der Welt ist.

Das bedeutet im einzelnen:

Wir glauben, daß die Kirche von Gottes Geist in allen menschlichen Spaltungen dennoch zutiefst *»geeint«* wird (er versammelt eben nur *ein* Volk Gottes und nur *einen* Leib Christi). Wir glauben, daß sie von Gottes Geist in all ihrer menschlichen Sündigkeit und Schwäche dennoch *»geheilt«* und *»geheiligt«* wird und ihm so als vermittelndes Zeichen seines Heils dient. Wir glauben, daß sie in der Nachfolge Jesu von Gottes Geist mit der ganzen *»Fülle«* seiner Liebe beschenkt wird und diese in *universaler Weite* allen Geschöpfen weiterschenkt. Universale Weite ist der ursprüngliche Sinn von »katholisch«. Erst nach der Reformation dient dieses Wort auch zur Bezeichnung einer bestimmten christlichen Konfession. Und wir glauben schließlich, daß sie von Gottes Geist bei allen Irrtümern und Verfehlungen doch untrüglich in der *»Wahrheit«* des Evangeliums Jesu und seiner ursprünglichen *»apostolischen«* Überlieferung bewahrt wird.

Dieses gläubige Bekenntnis zur Kirche ist keineswegs etwas Selbstverständliches. Denn es kann an der sichtbaren Kirche trotz vieler Zeichen nicht einfach abgelesen werden, daß sie die eine, heilige, katholische und apostolische Kirche ist, daß sie »Sakrament der Liebe Gottes«,

»Volk Gottes«, »Leib Christi« ist. Der Glaube an Gott trägt letztlich dieses Bekenntnis zur Kirche. Und nur in diesem Glauben können wir auch immer wieder die Versuchung zum Mißtrauen, zur skeptischen Distanzierung oder zur überheblichen Kritik überwinden. Das Vertrauen auf die Zusage des Herrn, »alle Tage bis zum Ende der Welt« (Mt 28,20) bei seiner Kirche zu bleiben und ihr seinen Heiligen Geist nicht mehr zu entziehen, läßt den Glauben daran festhalten, in dieser Kirche doch den hervorgehobenen Ort der Gegenwart Gottes unter den Menschen wahrzunehmen und auch die (oft so versteckten) Zeichen dieser Gegenwart immer von neuem zu suchen und zu entdecken.

2. Die »Ikone« des dreieinen Gottes

Über diese »Geistes-Gegenwart« Gottes in der Kirche hinaus hat das Zweite Vatikanische Konzil eine alte kirchliche Tradition wieder aufgegriffen, indem es die Einheit und die Gemeinschaft der Kirche eng mit der Einheit und Gemeinschaft des dreieinen Gottes verknüpft hat. Dieser Zusammenhang war im katholischen Kirchenbild der letzten Jahrhunderte weitgehend zurückgedrängt worden. Statt dessen wurde die Kirche fast nur noch christologisch begründet; allerdings in einer sehr enggeführten Christologie, die aus dem Gesamtrahmen der Trinitätstheologie herausgelöst wurde. Sie sah in Christus vor allem den Stifter und Gesetzgeber der institutionellen Kirche:
»Man stellte die Kirche als Werk Christi, als Frucht seines Wirkens, als sein ›Herrschaftsgebiet‹ dar. Als Christus sein irdisches Leben beendete, setzte er als seinen sichtbaren Stellvertreter auf Erden Petrus und dessen Nachfolger, die Päpste, ein, und infolgedessen ist das Papsttum, insofern es Christus als den Herrn der Kirche vertritt, das Einheits- und Konstruktionsprinzip der Kirche. Diese ist

gleichsam ein geschlossenes System, wie eine Pyramide, an deren Spitze eben der Papst steht. Kraft seiner ihm von Christus verliehenen plena potestas (Fülle der Vollmacht) besorgt er die Einheit der Kirche, die in ihm ihr sichtbares Zentrum hat. Das aber ist im Grunde ein a-trinitarisches, um nicht zu sagen anti-trinitarisches Kirchenverständnis. Man geht von einem abstrakten Einheitsbegriff aus: Ein Gott, ein Herr und Christus, ein Papst, eine Kirche.«[2] Diesen verkürzten theologischen Einheitsbegriff hat das 2. Vatikanische Konzil wieder aufgebrochen, indem es die Kirche – nach einem Wort von Cyprian – bezeichnet als »das von der Einheit des Vaters und des Sohnes und des Heiligen Geistes her geeinte Volk« (LG 4). Oder noch deutlicher im Ökumenismusdekret »Unitatis Redintegratio« (UR 2): »Höchstes Vorbild und Urbild dieses Geheimnisses (sc. der Einheit der Kirche) ist die Einheit des einen Gottes, des Vaters und des Sohnes im Heiligen Geist in der Dreiheit der Personen.« Kirche prägt in sich eben nicht die Einheit eines neuplatonisch gedachten, alle Differenzierungen übersteigenden göttlichen »Einen und Guten« aus, sondern die Einheit der »*Gemeinschaft* Gottes«, eben des Beziehungsgefüges der in sich dreifaltig differenzierten Liebe Gottes.

Diese trinitarische Signatur der Kirche wollte das 2. Vatikanische Konzil neu ins Bewußtsein der Gläubigen heben; darum hat es gleich in den ersten vier Nummern der Kirchenkonstitution »Lumen Gentium« die Beziehung der Kirche zum dreifaltigen Gott sehr ausdrücklich entfaltet. Genau in dieser Beziehung sieht das Konzil das *»Mysterium«* der Kirche, ihren tiefsten theologischen Sinn:

---

2 G. Greshake, Zur Bedeutung der Trinitätslehre, in: Pastoralblatt 42 (1990), S. 39; vgl. auch H. J. Pottmeyer, Der eine Geist als Prinzip der Einheit der Kirche in Vielfalt. Auswege aus einer christomonistischen Ekklesiologie, in: Pastoraltheologische Informationen 5 (1985) Heft 2, S. 253–284.

Durch die in Christus grundlegend geschehene und im Hl. Geist allen Menschen eröffnete Teilhabe am Leben der dreigestaltigen Liebe Gottes ist die Kirche dazu berufen und befähigt, als »Ikone« (Bild und Gleichnis), ja als »Sakrament« dieser göttlichen Communio nun selbst Communio unter den Menschen zu sein, sowohl in ihrer eigenen gesellschaftlichen Gestalt wie auch im Dienst an der universalen Versöhnung der Menschheit und der ganzen Schöpfung. In einer »*Kurzformel*« kann darum die Kirche verstanden werden als die vom Heiligen Geist geeinte, dem Sohn Jesus Christus zugestaltete und mit der ganzen Schöpfung zum Reich Gottes des Vaters berufene Gemeinschaft der Glaubenden. Das heißt im einzelnen:

Die Beziehung zum Heiligen Geist schenkt der Kirche ihre spezifische Form der *Einheit*, eben die Einheit in der Vielfalt; der Heilige Geist macht sie zur »ecclesia«, zur Volksversammlung Gottes. Die Beziehung zu Jesus Christus schenkt der Kirche ihren spezifischen *Inhalt*, eben Kirche der Nachfolge Jesu zu sein; dadurch wird sie zum »Leib« und zur »Braut Christi«. Die Beziehung zum Vater benennt den *Ursprung* und das *Ziel* der Kirche, eben Schöpfung und Reich Gottes; als »Volk Gottes« verbindet sie beides im Sinn der Weggemeinschaft mit allen Geschöpfen zum vollendeten Reich Gottes hin.

Diese enge theologische Anbindung der Kirche an die Gemeinschaft der Liebe zwischen Vater und Sohn im Hl. Geist hat eine einschneidende *Konsequenz* für die sichtbare Gestalt der Kirche: Aus der inneren Logik dieser sakramentalen Beziehung heraus kann die Kirche nur in entsprechenden »communialen« oder *kommunikativen Strukturen* existieren und muß diese auch in einem kommunikativen Lebensstil praktizieren. Sonst bleibt die schönste Communio-Theologie nichts anderes als Ideologie.[3]

3 Dazu: M. Kehl, Plädoyer für eine kommunikative Kirche. In: Pastoralblatt 47/1995, S. 71–79.

Konkret bedeutet das:
Die Einheit und Gemeinschaft der Kirche kann weder von oben einfach diktiert noch von unten durch Druck der öffentlichen Meinung oder durch einfache Mehrheitsabstimmungen durchgesetzt werden, sondern sie wird nur in einem konfliktreichen und offenen *Dialog* zwischen all jenen Überzeugungen, Glaubensweisen und Lebensstilen in der Kirche gefunden, die sich an folgenden drei *Kriterien* messen lassen: nämlich an dem unbedingten Willen zur *Einmütigkeit*, zur *Treue* gegenüber der verbindlichen Vorgabe der Glaubensüberlieferung und zur glaubwürdigen *Vermittlung* des Glaubens in die jeweilige Situation hinein. Wo nach diesen drei Kriterien wenigstens versucht wird, im innerkirchlichen Dialog zu handeln, bestehen gute Chancen, daß es zu einer weithin mitgetragenen Einheit im Glauben kommen kann.

Auch das kirchliche Amt mit seiner personal (im Bischofs- bzw. Petrusamt) zentrierten Letztverantwortungskompetenz kann heute glaubwürdig nur noch *innerhalb* dieser dialogischen Suche nach Einheit ausgeübt werden und nicht *gegen* sie, was leider heute noch oft der Fall ist, wodurch die Einheit der Kirche als »Communio« zutiefst gefährdet ist.

Wir haben eigentlich von unserer altkirchlichen Communio-Tradition her durchaus die nötigen Strukturelemente (mit den verschiedenen Ebenen synodalen und »hierarchischen« Handelns), um uns sowohl vor einer autoritären Hierarchie wie vor einer populistischen Demokratie in der Kirche zu schützen. Sie müßten nur in ausgewogener Form auf rechtlich präzise und verbindliche Weise eingesetzt werden. Angelpunkt und Prüfstein für einen ernsthaften Willen dieser Art bildet m. E. das rechtliche Verfahren der *Bischofswahlen*. Es gibt keinen durchschlagenden theologischen Grund, um das jetzt in der lateinischen Kirche übliche, von den Avignoneser Päpsten des Spätmittelalters durchgesetzte und die Position Roms unverhältnismäßig bevorzugende Verfahren auch in unserer gegenwärtigen kirchengeschichtlichen Epoche weiterzuführen. Das altkirchliche Modell der gleichgewichtigen Mitwirkung aller drei relevanten Kirchen-Ebenen, also der ortskirchlichen (Organe des Bistums), der überörtlich-regionalen (Bischofskonferenzen) und der universalkirchlichen (Rom), ist sowohl der erneuerten Communio-Theologie wie auch unserer gegenwärtigen gesamtkirchlich-gesellschaftlichen Lage bedeutend angemessener als der bislang praktizierte Modus. Gerade die synodalen Strukturen der »unteren« Ebene (Bistum und Gemeinden) erführen dadurch eine entscheidende Aufwertung, die sie von dem Geruch des »Spielwiesencharakters« befreien könnte. Es führt eben nichts an der Einsicht vorbei: Auch das »hierarchische« Amt in der Kirche kann heute nur noch durch eine kommunikative Rechtskultur in seinem wahren theologischen Sinn und Wert erhalten bleiben. Alles andere ist auf Dauer kontraproduktiv und selbstzerstörerisch.

Natürlich sind solche Strukturfragen nicht das Wichtigste in unserem Glauben und in unserer Kirche. H. U. v. Balthasar hat die Strukturen des Leibes Christi immer mit dem »Knochengerüst« im menschlichen Körper verglichen; sie sind nicht mehr, aber auch nicht weniger. Denn jeder weiß: *Ohne* ein gesundes und bewegliches Knochengerüst ist der ganze Leib gelähmt.

Ich denke zum Beispiel an die über lange Zeit hin selbstverständliche Verknüpfung von Volkszugehörigkeit und relativ aktiver Mitgliedschaft in der katholischen oder evangelischen Kirche. Das Christentum war dabei weithin mehr kulturell abgestützt als durch eigene Überzeugung. Darum halte ich es für denkbar, daß die aktiven Christen nicht nur zu einer Minderheit, sondern auch zu Fremdlingen und Fremdkörpern in einer Kultur werden, die wir selbst mit aufgebaut haben.

Oder: Ist es so selbstverständlich, daß das Gotteshaus, wo wir uns zum Gottesdienst versammeln, nicht viel weiter von unserer Wohnung entfernt ist als das Einkaufszentrum oder die Bushaltestelle? Wahrscheinlich müssen wir von der gewohnten flächendeckenden kirchlichen Versorgung Abschied nehmen und den Lebensstil des »pilgernden Gottesvolks« viel leibhaftiger, eben durch weitere Wege und größere Beweglichkeit einüben.

Oder: Wie viele unkommunikative, zentralistische, klerikale Strukturen gibt es noch bei uns, die die Kirche in einen völlig unnötigen Kontrast zur modernen demokratischen Rechtskultur bringen und die augenblicklich zum Teil so überzogen werden, daß sie gerade dadurch über kurz oder lang in sich zusammenbrechen werden?

Viele der schmerzlichen Prozesse innerhalb der Kirche und noch mehr im Verhältnis zu unserer Kultur, die sich augenblicklich in einem rasanten Tempo und teilweise auch mit einem großen Befreiungspathos von ihrer christlichen Vergangenheit (sei sie katholisch oder evangelisch geprägt) ablöst, deute ich als »Geburtswehen« einer neuen, weithin noch unbekannten Gestalt von Kirche. Ob diese einfachhin »besser« sein wird als die jetzige, ist völlig ungewiß. Nur: wir brauchen keineswegs in Panik, Resignation oder Depression angesichts dieser Entwicklung zu verfallen. Wir können sie auch ganz realistisch als *Chance* und *Herausforderung* begreifen.[4]

4 Konkreter dazu: M. Kehl, Wohin geht die Kirche? In: Stimmen der Zeit 213 / 1995, S. 147–159.

3. Kirche im kulturellen Umbruch

Wichtiger als alle internen Strukturprobleme scheint die Frage zu sein, wie die Kirche mit ihrer *gegenwärtigen Situation* u.a. im westeuropäischen Kontext fertig wird. Wilhelm Willms hat dazu ein Gedicht mit dem Titel »Vision« verfaßt:

am rand
am strand
der welt
liegen
große
schöne
bizarre
leere
schneckenhäuser
kölner dome
petersdome
hagiasofias
karolingische
romanische
gotische
byzantinische
19.
20. jahrhundert
schneckenhäuser
daraus das leben
ausgezogen

man sieht
schwarze ströme
touristeninsekten
heraus herein
eilen
wimmeln
in einer unbegreiflichen
hektik
europa
ist zu einem großen
christlichen museum
geworden
europa
zum rand und strand
der welt
mit schönheit aus bronze
marmor
aus sandstein backstein
beton
europa
ein kostbares grab

das grab ist leer
der held erwacht

aber anderswo

Eine triste Vision! Wird es dazu kommen? Wenn man die Zahlen der täglich in den herrlich restaurierten Frankfurter Dom strömenden Besucher vergleicht mit den (deutschsprachigen) Besuchern der Sonntagsgottesdienste in eben diesem Dom (und ähnlich anderswo), dann könnte man schon dieser Kirchenvision zustimmen: Die Kirche in Europa, in Deutschland – wird sie ein kostbares Grab, aus dem der Geist lebendigen und gemeinsamen Glaubens allmählich zu entweichen droht?

Und doch: tiefer als dieser äußere Eindruck bewegt und trägt mich eine andere Perspektive für die Kirche hierzulande; nicht deswegen, weil ich die Augen zumache vor vielen schmerzlichen Fakten unserer kirchlichen Gegenwart, sondern weil ich versuche, sie vielleicht etwas weiter aufzumachen, um so in dem »Grab« unserer großen oder kleinen Kirchenmuseen noch etwas anderes geschehen und wachsen zu sehen. Die Verwurzelung in der ignatianischen Exerzitienspiritualität, zumal in ihrem »sentire in ecclesia«, ihrer »kirchlichen Gesinnung«, und die konkrete Zugehörigkeit zu ganz verschiedenen kirchlichen Lebensräumen (Ordensgemeinschaft, Pfarrei, Kinderheim für Sozialwaisen, geistliche Bewegung der »Arche« von Jean Vanier usw.) nähren in mir eine ziemlich krisenfeste Hoffnung, die in dem genannten »Kirchengrab« etwas vom Schicksal des sterbenden Weizenkorns erahnt und erhofft: Muß nicht vielleicht einiges von der alten Gestalt der Kirche, die wir seit der ersten Hälfte des 19. Jahrhunderts kennen und die uns von unserer Kindheit her vertraut ist, *sterben*, weil es nicht mehr »an der Zeit« ist und die Kirche deswegen für viele durchaus suchende Zeitgenossen (gerade der jüngeren und mittleren Generation) nicht mehr das Zeichen der heilenden Liebe Gottes darstellt? Muß nicht vieles heute an ihr gleichsam soziologisch sterben, damit Neues werden kann, damit Gottes Geist sich in einer Gestalt von Kirche verkörpern kann, die viel sensibler auf die »Zeichen der Zeit« reagiert? Sind wir bereit und fähig, vieles an gewohnter, aber eben doch zeitbedingter Kirchlichkeit sterben zu lassen, loszulassen?

5. Kapitel
Die Vernünftigkeit des Glaubens

»Vernunft« und »vernünftig« – diese modischen Reiz-
worte werden gegenwärtig fast inflationär gebraucht, um
bei unseren Zeitgenossen positive Reaktionen hervorzu-
rufen. Ob für Autos, Badewannen oder Kleidung Re-
klame gemacht wird: Der Appell an die Vernunft als für
den Kauf ausschlaggebendes Argument darf nicht mehr
fehlen. Auch Parteiprogramme, Lehrpläne, Satzungen,
Verbesserungsvorschläge aller Art müssen auf jeden Fall
»vernünftig« sein, um bei den Betroffenen überhaupt gehört und akzeptiert zu werden. Jeder tut so, als ob er genau
wüßte, was für die Menschen »vernünftig« ist. Dabei besagt dieser Begriff oft nicht viel mehr, als daß eine Sache
oder eine Idee »praktikabel« ist, also in einem annehmba-
ren Verhältnis zwischen Aufwand und Erfolg funktio-
niert. Sie ist »brauchbar«, und es läßt sich etwas Nützli-
ches damit anfangen, um bestimmte Bedürfnisse zweck-
mäßig zu erfüllen.

1. Glaube und Vernunft

Will der christliche Glaube sich auf diese Ebene des Mark-
tes begeben, wenn er sich als »vernünftig« ausgibt? Dieser
Verdacht dürfte bereits im 1. Kapitel ausgeräumt sein.
Denn hinsichtlich einer solchen rein pragmatischen
Zweckmäßigkeit »bringt« der Glaube herzlich wenig, ist
er hoffnungslos »unvernünftig«. Was bedeutet dann aber
noch die Rede von der »Vernünftigkeit« des Glaubens?
Dieser Begriff hat einen viel weiteren Inhalt als den bisher
angesprochenen. »Vernunft« ist in der Neuzeit fast zum
Inbegriff dessen geworden, was den Menschen *als* Men-

schen auszeichnet und was ihm seine einzigartige Menschenwürde verleiht. Unter diesem Begriff sammelt sich
gleichsam das gegenwärtige Selbstverständnis des Menschen unserer (westlichen) Gesellschaft. Menschlich ist
nur das, was vernünftig ist.

Zwischen Vernunft und Glauben braucht *kein grundsätz-
licher Widerspruch* zu bestehen.[1] Wer glaubt, muß deswegen nicht im geringsten auf eigenständiges, der
Wirklichkeit gerecht werdendes Erkennen und Handeln
verzichten. Wo dies dennoch »im Namen des Glaubens«
gefordert wird, wo sich der Glaube also grundsätzlich ver-
nunft- und wissenschaftsfeindlich gibt, kann man in der
Regel davon ausgehen, daß hier der Glaube in sein Gegenteil, nämlich in Aberglauben oder in fromm getarnten Unglauben, verdreht wird (was z. B. in vielen Sekten oder
sektiererischen Gruppen innerhalb der Kirche der Fall ist).
Die Vernunft bleibt – auch bei allem möglichen Miß-
brauch – eine gute Gabe des Schöpfergottes; ohne sie wäre
der Mensch nicht in der Lage, in Freiheit die Liebe Gottes
entgegenzunehmen und zu beantworten.

Dies schließt nicht aus, daß es bei »Grenzüberschreitungen« dennoch zu *partiellen Widersprüchen* kommt; und
zwar von beiden Seiten aus. Die Vernunft widerspricht da
zu Recht dem Glauben, wo er seine Kompetenz verläßt
und sich – mit Berufung auf »Offenbarung« – in ein bestimmtes Sachgebiet einmischt, von dem er nichts versteht, weil sich die Offenbarung Gottes darauf nicht
bezieht (z. B. naturwissenschaftliche, psychologische, so-
ziologische Forschungen usw.). Umgekehrt widerspricht
der Glaube der Vernunft dort mit vollem Recht, wo diese

1 Vgl. zu diesem Kapitel: W. Joest, Fundamentaltheologie. Stuttgart
   ²1980; W. Pannenberg, Wissenschaftstheorie und Theologie.
   Frankfurt 1973; R. Schaeffler, Glaubensreflexion und Wissenschaftslehre. Freiburg 1980; J. Splett, Gotteserfahrung im Denken. Freiburg ²1978.

ihrerseits sich überschätzt, wo sie sich eine Zuständigkeit für *alles* anmaßt und meint, sie könne mit ihren Methoden das Gesamt der Wirklichkeit hinreichend erklären und bewerkstelligen (z. B. was die letzten Ziele menschlichen Handelns und Forschens, oder was den Grund und den Sinn unserer Wirklichkeit im einzelnen und im ganzen, oder was die »Wahrheit« unseres christlichen Glaubens angeht).

Positiv gewendet, können Erfahrungen, Einsichten und Handlungsweisen, die der menschlichen Vernunft entspringen, den Glauben *unterstützen*, sie können Hinwege zu ihm eröffnen und ihm eine gewisse Plausibilität verleihen. Das gilt sowohl für einen bereits Glaubenden wie auch für solche, die nach dem Glauben suchen und sich vielleicht schwertun, den Schritt zum vorbehaltlosen Sich-Gott-Anvertrauen zu wagen. Die dem Glauben eigene »Wahrheit« gründet zwar nicht auf »Gründen«, die der menschlichen Vernunft entstammen (s. o.). Der Glaube verdankt sich eben ganz und gar der »Anziehungskraft« der Liebe Gottes. Und diese Liebe in ihrer unbedingt tragenden und vollendenden Kraft ist keine »natürliche« Eigenschaft unserer erfahrbaren Wirklichkeit und auch keine Möglichkeit unserer produktiven Vernunft. Wir können sie weder einfach mit unseren vernünftigen Erkenntniskräften an unserer Wirklichkeit ablesen noch sie von uns aus schöpferisch als *real* entwerfen. Sie bleibt ein unableitbares und un-selbstverständliches Geschenk, das wir dankbar-glaubend – aus der Schöpfung und aus der Geschichte Jesu – entgegennehmen.

Dennoch bleibt die menschliche Vernunft dabei nicht einfach untätig. Ihre Rolle besteht vor allem darin, die »Anziehungskraft« dieser Liebe Gottes zu verdeutlichen. Sie soll also zum einen (negativ) falsche Hinderungsgründe für den Glauben als letztlich »unsachgemäß« aus dem Weg räumen, weil sie evtl. gar nichts mit der Liebe *Gottes* zu tun haben, sondern rein in das Feld *menschlichen* Argumentierens fallen. Die Vernunft kann von sich aus ihre eigenen Grenzüberschreitungen einsehen und zurückweisen. Darüber hinaus aber kann sie auch (positiv) helfen, solche *Zeichen* und *Hinweise* in unserer Wirklichkeit wahrzunehmen, welche Hin-wege zum Glauben erschließen und damit die Einladung zum Glauben verstärken. So ist es z. B. der Vernunft möglich, den »Versprechenscharakter« unserer Wirklichkeit wahrzunehmen, sich also in verstehender Sympathie und in unabschließbarer Hoffnung auf alle ihr begegnenden Phänomene unserer Wirklichkeit einzulassen und somit eine fragende, suchende Offenheit für Gott und seine Selbstoffenbarung zu gewinnen (vgl. Kap. 2,1).

In der christlichen Tradition spricht man in diesem Zusammenhang von den sog. »praeambula fidei«, also dem »Vorhof des Glaubens«. Er umschließt alle vernünftigen Erkenntnisse und Handlungen, die als Voraussetzung für den Glauben wichtig, ja sogar notwendig sind, um ihn als ein wahrhaft menschliches, d. h. dem Menschen und seiner Würde entsprechendes Tun auszuweisen.

Aber nicht nur die Vernunft kann für den Glauben eine positive Funktion übernehmen, sondern umgekehrt vermag auch der Glaube dazu beizutragen, daß die menschliche Vernunft im gewissen Sinn zu ihrer vollen *Selbstentfaltung* gelangt. Das bedeutet: Wo das vernünftige Erkennen und Handeln sich auf dem Fundament des Glaubens vollzieht, wo es sich als »verdankte Vernunft« versteht und diese Dankbarkeit gegen Gott als Vorzeichen vor alles eigenständige und wirklichkeitsgemäße Erkennen und Handeln stellt, da wird es sich seiner »Geschöpflichkeit«, also seiner Möglichkeiten wie auch seiner Grenzen, erst voll bewußt. Dieses Bewußtsein der Geschöpflichkeit hat einen durchaus humanisierenden Einfluß auf den Menschen. Es mischt sich ja nicht in die einzelnen Sachbereiche der Vernunft ein und modelt darin herum; nein, es gibt (wie ein »Vorzeichen« vor der Klammer) dem vernünftigen, an der jeweiligen »Sache« orientierten Erkennen und Handeln einen neuen Horizont, der es als *Ganzes*, also in seiner umfassenden Sinngebung, prägt. Unter diesem »Vorzeichen« fühlt sich der vernünftige Mensch dann nicht mehr als absoluter Herrscher über die Schöpfung und die andern Geschöpfe, sondern weiß sich berufen zum Dienst eines gerechten Sachwalters Gottes im Rahmen einer brüderlich/schwesterlichen Mit-geschöpflichkeit.

2. Konkretisierung: Politisches Handeln aus dem Glauben

Wir wollen diesem Weg der glaubenden Vernunft zum Schluß noch einige deutlichere Konturen geben, und zwar hinsichtlich ihres Einsatzes für ein menschenwürdiges Zusammenleben aller auf dieser Erde.[2] In diesem Ziel trifft sich heute am ehesten das ansonsten so vielfältig auseinanderstrebende allgemeine »Interesse an Vernunft«. Unsere Frage lautet konkret:
Wie sieht ein politisches Handeln aus, das dem christlichen Glauben entspringt und das von der Gemeinschaft der Glaubenden mitgetragen werden kann? Sicher hängt vieles von der jeweiligen konkreten Sachfrage und Situation ab. Die Frage, ob der Glaube dafür dann auch jeweils inhaltlich bestimmte, spezifisch christlich-politische Maximen bereitstelle oder nicht, können wir hier auf sich beruhen lassen; das ist ein Thema der politischen Ethik oder

2 Zum christlichen Verständnis der »Menschenwürde« vgl. u. a. Menschenwürdige Gesellschaft. Hrsg. von den Salzburger Hochschulwochen, Graz 1977; die Enzyklika »Redemptor hominis« von Papst Johannes Paul II. Hrsg. vom Sekretariat der Deutschen Bischofskonferenz: Verlautbarungen des Apostolischen Stuhls 6. Bonn 1979.

der christlichen Soziallehre. Sicher scheint mir, daß es vom
Glauben geprägte *»Vorzeichen«* vor der Klammer unseres
an der praktischen Vernunft orientierten politischen Handelns gibt. Solche »Vorzeichen« ändern zwar nicht die einzelnen Glieder in der »Klammer« (politisch vernünftige
Sachüberlegungen), wohl aber bestimmen sie entscheidend die »Gesamtsumme« (das leitende vernünftige Interesse und das Ziel) des politischen Handelns. Sie sind
gleichsam strukturierende *Leitideen*, die in jedem konkreten Handeln, das sich mit Dingen beschäftigt, die für ein
menschenwürdiges Zusammenleben aller bedeutsam sind,
als letzter Orientierungsmaßstab zur Geltung gebracht
werden sollten. Ich möchte hier fünf solcher Leitideen
nennen, die mir gerade für das gegenwärtige politische
Handeln der Glaubenden wichtig erscheinen:

a. Das erste Gebot

»Ich bin Jahwe, dein Gott, der dich aus Ägypten herausge-
führt hat, aus dem Sklavenhaus. Du sollst neben mir keine
anderen Götter haben!« (Ex 20, 2 ff.)
Ein politisches Handeln, das sich am ersten der Zehn Gebote ausrichtet, tritt entschieden gegen die Vergötzung,
gegen die Absolutsetzung irgendwelcher nichtgöttlicher
»Mächte und Gewalten«, Ideen, Programme und Werte
ein, die auf Dauer die Menschenwürde und die menschliche Lebenswelt zerstören. In unserer gegenwärtigen Gesellschaftsordnung scheinen z. B. die Werte der militäri-
schen Sicherheit, eines qualitativ zu undifferenzierten
wirtschaftlichen Wachstums und der damit verbundenen
allgemeinen Konsumsteigerung in den Sog solcher »Vergötzung« zu geraten. Denn faktisch werden fast alle anderen gesellschaftlichen und ethisch-politischen Fragen
diesen Zielen untergeordnet bzw. darauf hingeordnet. Gerade hier setzt dann die Forderung des ersten Gebots ein.
Es ruft zur Wachsamkeit und zum Widerstand auf gegen

solche unterschwelligen, fast selbstverständlich geworde-
nen »Vergötzungen«, die sich – oft aus guten Anfängen –
mit der Zeit deswegen ergeben, weil sich bestimmte Ziel-
vorstellungen verselbständigen und dadurch unhinter-
fragbar werden.

b. Gerechtigkeit für die Armen

»Das Reich Gottes ist nicht Essen und Trinken, es ist Gerechtigkeit, Friede und Freude im Heiligen Geist« (Röm
14,17).
Woher nehmen wir Christen die Kriterien für eine Kritik an
bestimmten politischen Leitzielen und ihrer Absolutsetzung? Woher können wir beurteilen, ob sie der Menschenwürde auf Dauer dienen oder nicht? Ich meine, wir können
zu einem solchen Urteil kommen aus dem Vergleich der
größeren Nähe und Treue einer Zielvorstellung zu dem,
was uns die Verheißung des Reiches Gottes auch an menschenwürdiger Gesellschaftsordnung nahelegt (vgl. Kap.
3,2 b). Daraus ergibt sich nämlich ein recht eindeutiges Kriterium, nämlich das der *universalen Gerechtigkeit* zwischen reichen und armen Völkern dieser Erde bzw. innerhalb eines Volkes selbst. Was folgt aus einer bestimmten
politischen Leitvorstellung für die Armen, für die Kleinen
und Benachteiligten dieser Erde? Verhilft sie ihnen zu mehr
Gerechtigkeit? Natürlich wird es darüber auch unter Christen jeweils verschiedene Meinungen geben. Aber gerade
da kommt alles darauf an, ob wir bereit sind zu einer harten,
aber fairen Auseinandersetzung im Licht der Verheißung
des Reiches Gottes; daß wir uns ehrlich und mit möglichst
großem Sachverstand gegenseitig befragen lassen: Bei welcher realisierbaren Alternative an Leitvorstellungen und
politischen Handlungsmaximen kommt dieses Reich Gottes, das gerade den Armen dieser Erde verheißen ist (vgl. Lk
6,20), deutlicher, d. h. in größerer »realsymbolischer« In-
tensität, bereits innergeschichtlich zum »Vorschein«?

Die Hoffnung auf das Reich Gottes soll eben auch inner-geschichtlich im politischen Bereich handlungsfähig wer-den können. Und zwar jene Hoffnung *Jesu*, die nicht in einer Weltuntergangsstimmung alles Heil erst *nach* dem Ende des alten Äons und nach der Aufrichtung eines radi-kal neuen Äons durch Gott erwartete, sondern die bereits *in* dieser Geschichte Zeichen des Neuen, eben des Reiches Gottes, setzte. Gerade diese »Hoffnung, die die Erde liebt«, braucht unsere Gegenwart. Denn weder die Resi-gnation der »Frommen«, die nichts wesentlich Neues im »Diesseits« erwartet, noch die Hoffnungslosigkeit der (al-ten oder jungen) »Realisten«, die unsere Geschichte als ausweglose Katastrophengeschichte abschreibt, vermag »heilend« zu wirken.

c. Das Doppelgebot Jesu

»Welches Gebot im Gesetz ist das wichtigste? ... Du sollst den Herrn, deinen Gott, lieben mit deinem *ganzen Her-zen* und mit deiner *ganzen Seele* und mit deinem *ganzen Denken*. Das ist das wichtigste und erste Gebot. *Ebenso wichtig* ist das zweite: du sollst deinen Nächsten lieben wie dich selbst« (Mt 22,36–39).
Jesus trifft hier eine Unterscheidung zwischen »erstem« und »zweitem« Gebot, stellt aber beide in ihrer Wichtig-keit und Wertigkeit gleich. Das heißt: Die Befolgung die-ser Gebote ist nur in der Einheit beider Gebote möglich; es gibt für Jesus keine Gottesliebe ohne Nächstenliebe und keine Nächstenliebe ohne Gottesliebe. Beides bedingt und trägt sich wechselseitig. Diese Einheit zu finden und ins Handeln umzusetzen, darin besteht die Kunst des Christ-seins, gerade auch im Politischen. Zu jeder Zeit gibt es in der Kirche Trends zu extremen Einseitigkeiten: einerseits der Rückzug in die fromme, kultisch zelebrierte Innerlich-keit ohne konkrete politische Verantwortung – anderer-seits das Vorpreschen in politische Aktivität ohne das

Fundament einer gelebten Beziehung zu Gott. Christlich ist beides nicht; weder ein stilles, beruhigtes Verweilen beim Gebot der Gottesliebe noch ein schnelles Überspringen dieses Gebots, um möglichst bald »zur Sache« zu kommen, sprich: zum politischen oder sozialen Engagement. Es hängt gerade für unsere politische Nächstenliebe als Christen entscheidend viel von diesem »ersten« Gebot im Rahmen des Doppelgebots ab. Wo dies zu schnell als »erledigt« betrachtet wird, wo es nicht aus *ganzem* Herzen, aus *ganzer* Seele, aus *ganzem* Denken heraus gelebt wird, da nimmt unser politischer Einsatz unter der Hand bei uns doch wieder die Stelle Gottes ein: Wir setzen einen neuen Götzen an die Stelle des alten Götzen, nämlich unser politisches Engagement, unsere politischen Ziele, von denen wir dann gleichsam das Heil für unsere Erde erwarten.

Wie aber läßt sich dieses erste Gebot Jesu realisieren? *Wie* kann man Gott aus *ganzem* Herzen lieben? Eine entscheidende Weise wird uns von den alttestamentlichen Propheten, von Jesus und von der ganzen geistlichen Tradition der Kirche her überliefert: das *Gebet*. Und zwar das lange, das stundenlange Gebet vor diesem Gott, das Schreien zu diesem Gott, das Weinen vor diesem Gott, das Fasten vor diesem Gott, aber auch das Jubeln und Singen und Spielen vor diesem Gott. Das ganze Leben ihm »aussetzen«, vor ihm ausharren und alles ihm darbieten, ihn in alle Bereiche unseres Lebens eindringen lassen, uns gleichsam von ihm »imprägnieren« lassen – das heißt: ihn lieben aus ganzem Herzen. Aus diesem Tun heraus politisch handeln und das politische Handeln wiederum diesem Gott aussetzen und ihm »darbringen« – das ist die ureigenste Sache der Christen und ihrer Kirche. Wer das nicht vermag, wer es nicht immer wieder hartnäckig und intensiv versucht, kann nicht für sich in Anspruch nehmen, *als* Christ oder *als* Gemeinde oder *als* kirchliche Gruppe bzw. Vereinigung politisch zu handeln. Wer es dennoch tut, zahlt mit Wechseln, die nicht gedeckt sind; und das schadet dem Reich Gottes mehr, als es ihm nützt.[3]

d. Feindesliebe

»Ihr habt gehört, daß gesagt worden ist: Du sollst deinen Nächsten lieben und deinen Feind hassen. Ich aber sage euch: liebt eure Feinde und betet für die, die euch verfolgen... Ihr sollt also vollkommen sein, wie es auch euer himmlischer Vater ist!« (Mt 5,43–48)
Politisches Handeln, wenn es mit konkreten und entschiedenen Optionen verbunden ist, schafft nicht nur Gegner, sondern auch Feinde. Der Christ, der seine Nächstenliebe in den politischen Raum hineinträgt, wird unvermeidlich Feinde bekommen. Jesus selbst hat sie gehabt. Aber es soll eine Feindschaft sein, die mit Liebe verknüpft ist. Ist diese Forderung nicht ein »hölzernes Eisen«? Ich meine nicht. Es geht Jesus darum, unter den Seinen die Feindschaft nicht das letzte in der Beziehung zum anderen sein zu lassen. Feindesliebe bedeutet: den Willen zur Verteufelung, zur »Dämonisierung« des anderen überwinden; den Wunsch, ihn zu vernichten oder zu zerstören, aufgeben; ihn wieder als Person achten, ja sogar – wie Paulus einmal sagt – als »Bruder, für den Christus gestorben ist«.
Es geht hier nicht um vorschnelle Harmonisierung und Glättung aller Gegensätze. Konflikte müssen ausgetragen und ausgestanden werden, und das braucht seine Zeit. Dies

---

3 Damit ist nicht gesagt, daß nun jeder Christ im gleichen Maß Gebet und politisches Handeln in seinem Tun vereinen kann oder soll. Das Leben z. B. der kontemplativen Orden hat einen zutiefst christlichen Sinn, insofern das Gebet hier nicht nur die Richtung auf Gott, sondern zugleich auf die Situation der jeweiligen Zeit und Umwelt nimmt und diese – stellvertretend für andere Glieder des »Leibes Christi« (die deswegen aber nicht vom Gebet dispensiert sind!) – gleichsam »ununterbrochen« vor Gott hinträgt und sie so für seine Liebe transparent macht.

ist ein langer, oft mühseliger Prozeß; aber ein Prozeß, der von Christus her ein klares Ziel hat: die Feindschaft zu beenden. Wenn es gelingt, diesen Prozeß christlich durchzustehen, könnte auch am Ende einer politischen Feindschaft so etwas wie Vergebung und Versöhnung stehen.

e. Zwischen Parteilichkeit und Einigkeit

Konkretes politisches Handeln spaltet oft Familien, Gruppen, Kommunitäten, Gemeinden, Kirche. Aus diesem Grund stößt ein solches Handeln in der Kirche auch meist auf Widerstand. Und man kann sich dabei gerade auf Paulus berufen, für den die *Einheit* der Gemeinde *das* Zeichen des Heiligen Geistes war, *das* Kriterium, ob ein Charisma wirklich aus dem Geist Gottes oder aus dem eigenwilligen menschlichen Geist stammt (vgl. 1 Kor 12). Dennoch: Auch Paulus vertrat nicht Einheit um *jeden* Preis. Sie hatte nur Gültigkeit, wenn sie mit einem anderen Kriterium des Heiligen Geistes übereinstimmte: ob nämlich ein bestimmtes Handeln auch der Botschaft Jesu von der allein heilbringenden Liebe Gottes gerecht wurde oder nicht. Der scharfe Konflikt mit Petrus in Antiochien (vgl. Gal 2,11 ff.) und seine dauernden Auseinandersetzungen mit den Judenchristen um die Freiheit vom Gesetz zeigen deutlich genug, daß die Einheit der Gemeinde nicht um den Preis des Verrats an der Botschaft Christi bewahrt werden durfte.

Was bedeutet dies für unser politisches Handeln als Gemeinschaft der Glaubenden? Ich möchte *drei Konsequenzen* aus der Praxis des Paulus ziehen:

– *Unterscheiden* lernen, ob eine bestimmte politische Angelegenheit so unmittelbar die Botschaft des Evangeliums berührt, daß um ihretwillen die Sorge um die Einheit der Gemeinde zu Recht »relativiert«, d. h. auf sie bezogen werden darf. Das setzt für die Christen wiederum gründliches Bedenken des konkreten Problems im Ange-

sicht des Evangeliums voraus; es setzt suchendes, hinhö-
rendes, klärendes Gespräch mit anderen Überzeugungen
innerhalb der christlichen Gemeinde voraus (und nicht
nur mit solchen, die einen nur bestätigen). Dabei geht es
keineswegs um möglichst große »Ausgewogenheit« und
Gleichmacherei, wohl aber um größtmögliche Gerechtigkeit und Wahrhaftigkeit dem jeweils anderen Standpunkt
gegenüber. In unserer gegenwärtigen Situation scheint
gerade die Frage des gemeinsamen menschlichen Überle-
bens in Frieden, in Gerechtigkeit und in menschenwürdiger Umwelt eine Angelegenheit zu sein, die nicht um
einer (oft nur vordergründigen) Einheit willen aus der
kontroversen Diskussion unserer Gemeinden ausgeklam-
mert werden darf. Vielmehr steht hier ihr Bekenntnis zu
Jesus Christus als dem einzigen Herrn der Geschichte auf
dem Spiel.

– Unsere Gemeinden und ihre Verantwortlichen *kon-
fliktfähig* machen. Das bedeutet im einzelnen: die Angst
vor Auseinandersetzungen nehmen; einen menschlichen
Stil der Konfliktaustragung kultivieren; die Sprechsitua-
tion der anderen verstehen wollen; zu einer Gesprächs-
atmosphäre beitragen, die das Gefühl vermittelt, ernst
genommen zu werden, frei seine Meinung äußern zu
können, ohne gleich abgestempelt, eingeordnet oder abgeschoben zu werden. Das alles verhilft zu einer notwendigen Enttabuisierung des politischen Konflikts in der
Kirche und zugleich zu einer christlichen Kultur der Kon-
fliktbewältigung, die exemplarisch für unsere Gesellschaft
sein könnte.

– *Rücksicht* nehmen auf die »Schwachen« einer Gemeinde
im Sinn des heiligen Paulus (vgl. Röm 14 u. 15): also z. B.
auf die, die mit dem besten Willen nicht mehr verstehen
können, was sich alles in unserer Gegenwart tut. Das sind
vornehmlich die *Alten* in unseren Gemeinden, für die die
Kirche oft noch der einzige Ort der Teilhabe an gesell-
schaftlicher Öffentlichkeit darstellt. Wir sollten darauf

achten, sie nicht noch mehr in ihre zunehmend stärker werdende gesellschaftliche Isolation zu stoßen. Auf der anderen Seite möchte ich aber auch gerade die *Jungen* in unseren gegenwärtigen, oft überalterten deutschen Gemeinden zu den »Schwachen« zählen. Sie, die noch nicht voll und ganz in den Wirtschaftsprozeß integriert sind, empfinden häufig viel intensiver den Widerspruch zwischen ihrem Glauben und unserer gesellschaftlichen Wirklichkeit. Zugleich aber haben sie noch wenig Positionen und Einflußmittel, um ihre Vorstellungen durchsetzen zu können. Es hängt hier sehr viel von der Sensibilität einer Gemeinde ab, ob sie ihre jungen Leute, die andere politische Möglichkeiten sehen und neue, vielleicht auch utopische Wege gehen wollen, nicht völlig blockiert und in einem behäbig-bürgerlichen Milieu erstickt. Dann braucht man sich nicht zu wundern, daß häufig gerade der aufgeweckteste Teil unserer Jugendlichen der Gemeinde enttäuscht den Rücken kehrt.

Um nicht mißverstanden zu werden: Bei aller gebotenen Rücksichtnahme ist dennoch nicht das Ideal einer christlichen Gemeinde der »kleinste gemeinsame Nenner« im politischen Bereich. Denn in einem solchen Fall werden alle Konflikte entweder überhaupt vermieden oder möglichst schnell unter den Teppich gekehrt. Das Ideal einer Gemeinde ist und bleibt die Treue in der gemeinsamen Nachfolge Jesu »um des Reiches Gottes willen«. Und diese Treue kann unter Umständen auch trennend wirken. Wo z. B. keine Bereitschaft mehr wahrzunehmen ist, andere, ungewohnte Überzeugungen zur Kenntnis zu nehmen und auf sie einzugehen, wo also eine Selbstverhärtung das Gespräch unmöglich macht, muß eine Gemeinde auf solche Leute auch verzichten können. Sie haben sich dadurch selbst »exkommuniziert«.

Ich möchte diese Überlegungen zur Vernünftigkeit eines politisch handelnden Glaubens schließen mit einem Abschnitt aus dem Synodentext »Unsere Hoffnung«, in dem noch einmal der ausschlaggebende Maßstab unseres Handelns deutlich wird: »Die Verheißungen des Reiches Gottes sind nicht gleichgültig gegen das Grauen und den Terror irdischer Ungerechtigkeit und Unfreiheit, die das Antlitz des Menschen zerstören. Die Hoffnung auf die Verheißung weckt in uns und fordert von uns eine gesellschaftskritische Freiheit und Verantwortung, die uns vielleicht nur deswegen so blaß und unverbindlich, womöglich gar so ›unchristlich‹ vorkommt, weil wir sie in der Geschichte unseres kirchlichen und christlichen Lebens so wenig praktiziert haben. Und wo die Unterdrückung und Not sich – wie heute – ins Weltweite steigern, muß diese praktische Verantwortung unserer Hoffnung auf die Vollendung des Reiches Gottes auch ihre privaten und nachbarschaftlichen Grenzen verlassen können.«[4]

---

4 Aus: Unsere Hoffnung. Ein Bekenntnis zum Glauben in dieser Zeit, in: Gemeinsame Synode der Bistümer in der Bundesrepublik Deutschland. Offizielle Gesamtausgabe I., Freiburg 1976, S. 96 f.